AF502658

BIBLIOTHÈQUE DRAMATIQUE

Théâtre Moderne.

JAGUARITA L'INDIENNE

OPÉRA-COMIQUE EN 3 ACTES

Par MM. DE SAINT-GEORGES et DE LEUVEN

Musique de M. F. HALÉVY

Prix : 1 franc

DERNIÈRES NOUVEAUTÉS EN VENTE :

PROMENADE EN AMÉRIQUE ; États-Unis, — Cuba, — Mexique. — 2 beaux volumes in-8°, par J.-J. Ampère de l'Académie Française. — Prix : 12 francs.

Format in-18 anglais.

	fr.
NOUVELLES INÉDITES, par DE STENDHAL, 1 vol.	3
ÉTUDES LITTÉRAIRES, par GUSTAVE PLANCHE, 1 vol.	3
LES NUITS PARISIENNES, par MÉRY, 1 vol.	3
POÈMES ET LÉGENDES, par HENRI HEINE, 1 vol.	3
IMPRESSIONS LITTÉRAIRES, par LOUIS RATISBONNE, 1 vol.	3
CARTES SUR TABLE, par LAURENT PICHAT, 1 vol.	3
SCÈNES DE LA VIE MODERNE, par LOUIS ÉNAULT, 1 vol.	3
ÉTUDES SUR LA RENAISSANCE, par D. NISARD, 1 vol.	3
LES ZOUAVES ET LES CHASSEURS A PIED, 1 vol.	3
ÉPISODE DE L'HISTOIRE DU HANOVRE, par H. BLAZE DE BURY, 1 vol.	3
SOUVENIRS ET RÉCITS, par LE PRINCE DE LA MOSKOWA, 1 vol.	3
LES BUVEURS D'EAU, par HENRY MURGER, 1 vol.	3
NOUVELLES ÉTUDES HISTORIQUES ET LITTÉRAIRES, par CUVILLIER FLEURY, 1 vol.	3
NOUVELLES CAUSERIES LITTÉRAIRES, par ARMAND DE PONTMARTIN, 1 vol.	3
LES SYMPHONIES, Poésies Nouvelles, par VICTOR DE LAPRADE, 1 vol.	3

MICHEL LÉVY FRÈRES, LIBRAIRES-ÉDITEURS,

RUE VIVIENNE, 2 BIS

PARIS — 1855

JAGUARITA

L'INDIENNE

OPÉRA-COMIQUE EN TROIS ACTES,

PAR MM.

DE SAINT-GEORGES ET DE LEUVEN

MUSIQUE DE

M. F. HALÉVY

de l'Institut.

DÉCORATIONS DE MM. CAMBON, THIERRY, CHÉRET ET LECHEVALIER.

DIVERTISSEMENTS DE M. CLAIR BÉNIE.

Représenté pour la première fois à Paris, sur le Théâtre-Lyrique,
le 14 mai 1855.

PARIS

MICHEL LÉVY FRÈRES, ÉDITEURS

RUE VIVIENNE, 2 BIS

—

1855

PERSONNAGES.

HECTOR VAN TRUMP, major hollandais (1).	MM. MEILLET.
LE CAPITAINE MAURICE HERBERT.	MONJAUZE.
LE SERGENT PETERMANN.	COLSON.
TOBIE, intendant de la plantation des Palétuviers.	H. ADAM.
MAMA-JUMBO, chasseur boucanier.	JUNCA.
JAGUARITA, jeune Indienne, reine de la tribu des Anakotaws.	Mmes MARIE CABEL.
HÉVA, jeune créole, maîtresse de la plantation.	GARNIER.

Officiers et soldats hollandais, colons, planteurs.
Jeunes filles de la plantation.
Indiens et Indiennes.

La scène se passe à la Guyane hollandaise, près de Surinam, en 1772, pendant la guerre que les régiments hollandais firent avec tant de courage aux tribus des Peaux-Rouges insurgées.

N. B. S'adresser pour la mise en scène à M. Arsène,
régisseur de la scène, au Théâtre-Lyrique.

(1) Le rôle d'Hector doit être joué avec une grande naïveté, sans exagération et sans charges. Hector ne porte pas l'habit militaire. Pour les costumes exacts, consulter la mise en scène.

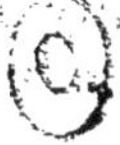

Paris. — Imprimerie MORRIS et Cie, rue Amelot, 64.

JAGUARITA
L'INDIENNE

ACTE PREMIER

Le théâtre représente le jardin d'une riche habitation. A gauche, un berceau de lianes et de fleurs, près duquel est un guéridon. A droite, une petite case formée par des arbustes entrelacés, et sous laquelle est un banc de feuillage. — Une natte est suspendue aux arbustes et ferme cette case à volonté pour l'abriter contre les rayons du soleil.

SCÈNE PREMIÈRE.

INTRODUCTION.

COLONS ET ESCLAVES entrant de toutes parts avec agitation
TOBIE court au-devant des colons.

CHŒUR ANIMÉ.

C'est fait de nous! pitié! merci!...
Plutôt mourir que vivre ainsi!...
    Le sauvage
    Nous ravage
    Tour à tour,
    Nuit et jour!
    Sa furie
    Incendie
    Nos maisons.
    Nos moissons!...
C'est fait de nous! pitié! merci!
Plutôt mourir que vivre ainsi!

TOBIE, cherchant à les apaiser.)
Votre sort va changer!

CHŒUR.
Que le ciel vous entende!

TOBIE.
Il nous arrive en ce pays
Un terrible major envoyé de Hollande
Pour guider nos soldats contre les ennemis!

CHŒUR.
Il est bien temps qu'on nous défende!

UN COLON.
Les Indiens ont pris mes chevaux!...

UN AUTRE.
Ils ont décimé mes troupeaux!

UNE FEMME.
Ils ont égorgé mes brebis!

UNE AUTRE.
Ils ont enlevé mes deux fils!...

CHŒUR.
Pauvres colons, dans cette guerre,
La mort, le vol et la misère!...

TOBIE, indiquant la gauche.
Votre vaillant sauveur, mes amis, le voilà!...
Il vient avec notre maîtresse Héva,
Et le brave sergent Petermann, qui naguère
S'est battu bien souvent...

CHŒUR.
On connaît celui-là!...

SCÈNE II.

LES MÊMES, HÉVA, donnant le bras à Hector
et suivie de Petermann.

HECTOR.
Quel calme ravissant dans ce charmant asile!

HÉVA.

Vous n'y trouverez pas les plaisirs de la ville...

HECTOR.

Sous votre toit on me fête en ami...
Ah! vraiment mon cœur est ravi!

Les colons entourent Hector.

REPRISE DU CHŒUR.

C'est fait de nous! pitié! merci!
Plutôt mourir que vivre ainsi!
    Le sauvage
    Nous ravage
    Tour à tour,
    Nuit et jour!
    Sa furie
    Incendie
    Nos maisons,
    Nos moissons!
C'est fait de nous! pitié! merci!
Plutôt mourir que vivre ainsi!

HECTOR.

Que veulent ces gens-là?

PETERMANN, à Hector.

    Comme une providence,
Vous venez leur porter secours
Contre leurs ennemis.

Aux colons.

    Un peu de patience;

Montrant Hector.

Ce héros veillera sur vos biens, sur vos jours...

Hector se récrie avec modestie.

COUPLETS.

HECTOR.

Premier couplet.

C'est un héros,
C'est un héros,
Qu'il faut ici pour vous défendre!...
A ce nom je n'ose prétendre,

JAGUARITA L'INDIENNE.

J'entre à peine sous les drapeaux!
C'est d'un César, d'un Alexandre
Qu'on pourrait dire à tout propos :
C'est un héros!
C'est un héros!

TOUS, montrant Hector.

C'est un héros!
Oui, més amis, c'est un héros!

HECTOR.

Deuxième couplet.

Comme un héros,
Comme un héros,
Ah! je voudrais, l'âme aguerrie,
Et plein d'une mâle énergie,
Ne rêver que dangers nouveaux...
Donnant mes jours à la patrie,
Sur ma tombe on lirait ces mots :
C'est un héros!
C'est un héros!

TOUS, montrant Hector.

C'est un héros!

HECTOR.

Oui, mes amis, oui, bientôt, je l'espère,
Nous sortirons de cette affreuse guerre!...

HÉVA.

Ah! vous en sortirez vainqueur!

HECTOR.

J'en sortirai....

A part.

Aussitôt que je le pourrai!

CHŒUR GÉNÉRAL.

Vive ce grand homme
Que chacun renomme!
Il nous défendra,
Il nous guidera!
Que l'ennemi tremble!
Car bientôt ensemble

Chacun marchera
Sous ce héros-là !

Les colons agitent leurs chapeaux en l'honneur du major et sortent
confusément emmenés par Tobie.

FIN DE L'INTRODUCTION.

SCÈNE III.

HÉVA, LE MAJOR, PETERMANN.

HÉVA, à Hector.

Les pauvres gens s'en vont heureux et tranquilles, major,
grâce à votre nom déjà rendu célèbre dans ces contrées par
les exploits glorieux de votre illustre père.

PETERMANN.

Le général van Trump! surnommé par ces coquins d'Indiens
le Lion victorieux… Un beau nom! et un bel homme!… J'ai
fait mes premières campagnes avec lui! En avons-nous tué
de ces peaux-rouges! Il est vrai que nos carabines hollan-
daises valent encore mieux que leurs diables de flèches em-
poisonnées!… Ah! c'est une belle guerre que nous allons
faire là, major!…

HECTOR, très-froidement.

En effet, ça me semble superbe!

HÉVA, souriant.

Superbe! pour un brave major hollandais comme vous,
peut-être, monsieur van Trump, qui venez d'Europe dans nos
colonies pour nous défendre et nous protéger contre nos ennemis… Mais, pour une pauvre orpheline, seule maîtresse
d'une vaste habitation isolée, c'est fort effrayant, je vous
assure…

HECTOR.

Que craignez-vous maintenant, belle Héva? N'est-il pas
arrivé depuis hier près de vous un défenseur, votre fiancé,
le capitaine Maurice? (Avec un soupir.) Ah! il est bien heureux,
le capitaine!… venir épouser une charmante personne… la

plus belle créole des environs de Surinam ! à la bonne heure ! Voilà un but de voyage qui m'allait fort, à moi !...

HÉVA.

Oh ! vous, major, il vous faut d'autres succès... la guerre... le triomphe... la victoire !... Avec une vocation comme la vôtre !...

HECTOR.

Permettez, mademoiselle ; ma vocation n'était pas tout à fait ce que vous supposez... Élevé jusqu'à dix-huit ans par ma bonne tante Anastasie, abbesse du béguinage de Harlem, je n'avais encore, à cet âge heureux, de vocation décidée que pour les tulipes... Mais mon tuteur, un savant phrénologue, a prétendu que j'avais la bosse du courage, de la guerre et des batailles...

PETERMANN.

Bien jugé !... Et l'on vous fit prendre la carrière des armes ?

HECTOR.

On me plaça dans une école militaire, et quand la nouvelle insurrection des tribus indiennes éclata contre les colons hollandais de ce pays, mon parrain, le bourgmestre, pensa que le nom de mon père frapperait de terreur les rebelles, et demanda pour moi l'autorisation d'acheter une commission de major dans le régiment qu'on avait envoyé ici... ce qui ne fit pas le plus petit pli... On m'embarqua même si vite que j'attends encore mes uniformes et les insignes de mon grade... Voyez plutôt...

PETERMANN.

Ce qui ne vous empêche pas d'avoir une tournure fièrement martiale... Et c'est une fameuse idée d'avoir fait de vous notre major !...

HECTOR.

Une idée qui ne me serait jamais venue, à moi...

PETERMANN.

Parce que vous êtes trop modeste, major... que vous avez douté de vous comme chef d'expédition... Mais vous n'aurez pas plus tôt livré quelques combats et massacré une vingtaine d'Indiens pour votre part...

HECTOR, stupéfait.

Vingt Indiens ! c'est beaucoup pour un homme seul...

PETERMANN.

Par exemple ! il ne faut pas se laisser prendre... car alors...
scalpé à l'instant même...

HECTOR.

Scalpé !

PETERMANN.

Ah ! mon Dieu !... ils vous enlèvent une chevelure euro-
péenne avec une prestesse... Affaire de coquetterie pour s'en
composer des parures les jours de fête...

HECTOR, à part.

Quelles parures !... (Haut, à Héva.) Mais vous habitez là un
affreux pays, Mademoiselle...

PETERMANN.

Bah ! l'on s'y fait, mon major... Tout est puissant et majestueux
dans ces contrées : des forêts gigantesques, des lacs immenses,
et les panthères, les jaguars, les serpents à sonnettes... Ça
vous va tout ça, mon major... (A Héva.) Voyez, voyez, Mademoiselle, comme les yeux du major sont brillants !... Le voilà
tout ému, tout transporté... il me rappelle son brave père au
moment du combat... Patience, patience, major... Vous allez
avoir affaire ici !...

HECTOR, balbutiant.

ertainement... je ne dis pas... avec des ennemis... mais
des jaguars... des chats tigres... (Ritournelle du morceau suivant.) Qui
vient là ?... Ah ! c'est votre heureux fiancé, Mademoiselle...

PETERMANN.

Le capitaine Maurice !

SCÈNE IV.

LES MÊMES, MAURICE, en élégant costume de chasse ;
TOBIE, ESCLAVES

CHANT.

MAURICE, après avoir donné à Tobie son carnier et son fusil.

Ce pays c'est l'enfer !...

Riant.

Nous y rôtissons tous!...

S'approchant d'Héva et galamment.

Mais c'est le Paradis quand on est près de vous!...

CAVATINE.

Au sein de la riche nature
Que le ciel dore de ses feux,
Dans l'ombre, une fleur fraîche et pure,
Se dérobait à tous les yeux.
Fleur charmante que le mystère
Couvrait de son voile pour tous,
Et que le ciel, sur cette terre,
Gardait à son heureux époux!

HÉVA, riant, à Maurice

Mon cousin est galant!...

MAURICE.

D'un fiancé peut-être
Je pourrais réclamer les droits...

HÉVA, avec embarras.

Mais il faut d'abord se connaître...

MAURICE.

Je vous connais fort bien, je crois...

Couplets.

Vous êtes belle,
Et de vos yeux
Une étincelle
Rend amoureux!
Grâce naïve,
Esprit charmant
Qui nous captive
En un instant,
Bonté, constance
Et cœur parfait :
Voilà, je pense
Votre portrait!

HECTOR.

Portrait charmant!

HÉVA, se récriant avec modestie.
Portrait flatté!

MAURICE.
Portrait d'après nature!

HECTOR, saluant.
Ah! c'est la vérité!

MAURICE.

Deuxième couplet.

Tout nous attire
Auprès de vous...
On y respire
Un air plus doux...
Douce défaite!...
Le cœur se rend,
Et l'on répète :
A chaque instant :
Bonté, constance,
Et cœur parfait,
Voilà je pense
Votre portrait!

TOUS.
Esprit, constance, etc..

(Pendant ce temps, Tobie et des esclaves ont placé le déjeuner près du berceau sur le guéridon.)

HÉVA.
Tout est prêt, Messieurs; et le thé vous attend... (Héva fait signe à Hector et à Maurice, qui se placent à la petite table.)

HECTOR, à Maurice.
Vous étiez en retard, capitaine?...

MAURICE.
Je m'étais égaré à la chasse...

PETERMANN, debout près de Maurice.
Mais c'est fort imprudent, capitaine... On dit que nos ennemis rôdent autour de l'habitation... Pas plus tard qu'hier, on assure avoir vu leur reine dans la forêt voisine...

HECTOR.

Une reine !

PETERMANN.

Une reine sauvage..... Jaguarita..... la plus jolie fille du monde... Svelte et légère comme une gazelle... un regard d'ange... un sourire d'enfant, un courage de lionne, et un cœur de tigresse !...

MAURICE.

Voilà un portrait merveilleux de la reine des Anakotaws... Mais enfin, quelqu'un des nôtres a-t-il vu cette belle Jaguarita, cette fée des forêts ?...

PETERMANN.

Moi, parbleu, capitaine... j'ai été un seul jour prisonnier de sa tribu ; ses sujets l'adorent comme une divinité, mais on assure que c'est un diable pour la malice et la ruse ! C'est elle qui suggère à ces maudits Indiens tous les piéges qu'ils tendent sous nos pas !...

MAURICE.

Mais alors, ce serait une belle capture à faire ?

HECTOR.

Certainement !... pour la ménagerie de Rotterdam... et si l'on pouvait l'apprivoiser...

PETERMANN.

Je ne m'y fierais pas, mon major, car avec ces jolis bipèdes-là... un coup de griffe est bientôt donné !...

MAURICE, riant.

Une griffe royale !...

PETERMANN.

Une griffe plus dangereuse que celle de la panthère, grâce à un petit usage des beautés de cette tribu.

HECTOR.

Un usage ?

MAURICE.

Que veux-tu dire ?

PETERMANN.

Une gentillesse indienne !... qui consiste à se teindre en
rose l'ongle du petit doigt de la main droite avec un poison si
subtil, qu'à la moindre égratignure, crac !... vous enflez...
vous enflez... et vous allez retrouver vos ancêtres, sans avoir
même le temps de dicter votre testament.

MAURICE, riant.

Bah ! l'on tâcherait de lui faire faire patte de velours... et
si ce n'était la difficulté de s'entendre...

PETERMANN.

Quant à ça, capitaine, elle comprend notre langue ; et la
parle même très-gentiment pour une femme sauvage... Quelque Hollandais captif la lui aura apprise pendant la paix.

MAURICE.

D'honneur ! je serais charmé de connaître cette majesté
indienne !... (Étourdiment.) Et si elle est aussi jolie qu'on le prétend...

HÉVA.

Eh bien, mon cousin ?

MAURICE, se reprenant.

Eh bien, ma cousine, j'aurai une preuve de plus qu'il n'y a
rien d'aussi charmant que ma charmante fiancée !... (On se lève
de table.)

SCÈNE V.

LES MÊMES, MAMA-JUMBO, en costume de boucanier
et tenant une longue carabine.

HECTOR, reculant.

Qu'est-ce que c'est que ça ?

PETERMANN.

Ça, mon major, c'est un ami des Hollandais, un brave mé-
tis, qu'on appelle dans ce pays le Coureur des bois ;... moitié
civilisé, moitié sauvage... un trappeur indien qui fait avec
nous le commerce de fourrures et de dents d'éléphants.

HECTOR.

Ah ! ce monsieur... vend des dents d'éléphants ?...

JUMBO.

Je vends de tout... des peaux de tigre quand j'en tue, des oiseaux rares quand j'en prends, et des chevelures d'Indiens quand j'en scalpe... Ça se paie dix florins par tête, chez le gouverneur de la colonie.

HECTOR.

Un joli commerce !...

JUMBO.

Mais pas mauvais depuis la guerre. (Montrant la crosse de sa carabine.) Voyez plutôt !...

HECTOR.

Qu'est-ce qu'il veut dire ?

PETERMANN.

C'est sa comptabilité qu'il vous montre.... Autant de chevelures indiennes, autant d'entailles au bois de sa carabine...

JUMBO, comptant.

Trois Anakotaws... cinq Amaguilis... voilà ma semaine.

PETERMANN.

Après ça, les Indiens nous le rendent bien, quand ils peuvent s'emparer de quelque Hollandais... (S'approchant d'Hector.) Quel bonheur pour vous, d'avoir une belle chevelure, major ! ça les excite, ça les brave... c'est d'un bon effet !...

HECTOR.

Merci. (A part.) Je la ferai raser demain !

HÉVA, au trappeur.

Et que nous apportes-tu aujourd'hui, mon brave Mama-Jumbo?... Les colibris roses que je t'ai demandés ?

JUMBO.

J'ai mieux que cela, Masséra... quelque chose qui tient de l'oiseau et du serpent... une fameuse prise que le grand chef me paiera cher...

HECTOR.

Quelque monstre de ton pays de sauvages!... du tout!... je ne fais pas le commerce d'animaux féroces !

JUMBO.

Par le Grand-Esprit! c'est un peu féroce, c'est vrai; mais ça n'en a pas l'air; et de plus, il n'y a pas deux captures pareilles à faire, depuis le lac aux Bisons jusqu'aux Montagnes Bleues.

MAURICE, à Jumbo.

Je suis curieux de voir le produit de ta chasse...

JUMBO, parlant, au fond à la cantonade à des boucaniers qui l'accompagnent.

Holà! Sang-Mêlé, Rayon-Brûlant, apportez la prise!...

SCÈNE VI.

LES MÊMES, Gens de l'habitation, accourant, Boucaniers.

Ritournelle du morceau suivant· les boucaniers apportent un palanquin de lianes, de feuillages et de fleurs, Mama-Jumbo écarte le branchage, et tout à coup Jaguarita s'élance légèrement en scène. Elle parcourt le théâtre en regardant autour d'elle et en examinant tout avec curiosité. Mama-Jumbo la suit.

CHANT.

Maurice, Hector, Petermann et Héva observent la jeune Indienne avec étonnement.

PETERMANN.

Jaguarita!

HÉVA.

La reine !

JUMBO.

Oui, c'est moi qui l'ai prise!...

HECTOR, reculant avec trouble.

Une sauvage!

MAURICE, riant, à Hector.

Eh bien, mon major, qu'avez-vous?...

HECTOR.

Une femme sauvage ! excusez ma surprise !...
C'est un objet qu'on ne voit pas chez nous !...

JAGUARITA revient en scène, regarde attentivement tous les personnages,
puis se met à rire aux éclats.

Ah ! ah ! ah ! ah !

HECTOR, stupéfait.

Elle rit, la sauvage !...

JAGUARITA.

Ah ! ah ! ah ! ah ! penseriez-vous
Voir ici fléchir mon courage ?...
Jaguarita vous brave tous !

AIR.

Léger comme un nuage,
L'oiseau captif s'envolera ;
Bientôt, dans son ramage,
En se moquant, il vous dira :
Ah ! ah ! ah ! malgré le grillage
Et le gardien ,
Quand on croit me tenir en cage,
On ne tient rien !

Ce soir, j'irai tremper mon aile,
Si je le veux ;
Dans l'onde si pure et si belle
De mes lacs bleus !
Ce soir, plus de cage ennemie !
Pour ma prison,
J'aurai les palmiers, la prairie.
Et l'horizon !...

Là , de l'oiseau la voix sonore,
Les doux concerts,
Sauront, pour vous narguer encore,
Fendre les airs !
Vers moi la liberté s'avance !...
Et, pour prison,

ACTE I, SCÈNE VI.

Il me faut le désert immense
    Et l'horizon !

MAURICE, s'approchant d'elle.

Allons, allons, belle sauvage
Supportez la captivité !

HÉVA, avec bonté.

Vous trouverez dans votre cage
Bons soins, douce hospitalité ;
Vous aurez tout...

JAGUARITA, avec dédain.

      Tout !... excepté
Le seul trésor... la liberté !

PETERMANN.

Eh bien, un peu de patience :
Ce trésor, on vous le rendra !

MAURICE.

Contre nos prisonniers, je pense
Bientôt on vous échangera !

HECTOR, vivement.

Oui, mais, en attendant cela,
Sur vous, ici, l'on veillera !

JUMBO, s'avançant.

Et Mama-Jumbo que voilà,
    Se chargera
    De ce soin-là !

JAGUARITA, avec ironie.

Ah ! ah ! ah ! ah ! malgré le grillage
    Et le gardien ;
Quand on croit me tenir en cage,
    On ne tient rien !

Changeant tout à coup de ton et marchant avec menace.

    Je suis la panthère,
    La reine des bois,
    Et mon âme altière
    Ne suit que ses lois !
    Ardente, intrépide,
    Craignez ma fureur,
    Car d'un bond rapide

J'atteins le chasseur !
Je suis la panthère,
La reine des bois,
Et mon âme altière
Ne suit que ses lois.

Elle s'avance en menaçant, sur Hector qui recule vivement.

HECTOR.

C'est une diablesse !
Mais emmenez donc
Cette sauvagesse,
Ce malin démon !

MAURICE, la regardant avec admiration.

Son œil étincelle ;
Qu'elle est belle ainsi !

PETERMANN, à Jaguarita.

Vite, il faut, ma belle,
Prendre ton parti !

HÉVA, avec bienveillance.

C'est ma prisonnière !...
On la calmera !
Ma bonté, j'espère,
L'apprivoisera.

JAGUARITA, avec menace.

Non ! non !... Je suis la panthère,
La reine des bois !
Et mon âme altière
Ne suit que ses lois !
Ardente, intrépide,
Craignez ma fureur,
Car d'un bond rapide
J'atteins le chasseur !
Je suis la panthère, etc.

TOUS LES AUTRES.

Quoique prisonnière,
Quel souris moqueur !
Quelle œillade fière !
Rien ne lui fait peur !

Loin d'implorer grâce,
En domptant son cœur,
Sa bouche menace,
Et brave un vainqueur !

Jaguarita les menace encore, puis tout à coup s'échappe en courant et disparaît par la droite suivie par les boucaniers.

SCÈNE VII.

HÉVA, HECTOR, MAURICE, PETERMANN, MAMA-JUMBO.

HECTOR.

Eh bien, elle s'enfuit!...

JUMBO.

Soyez tranquille... je veille sur elle...

HÉVA, à Mama-Jumbo.

Recommandez qu'on ait les plus grands soins de ma petite sauvage... je veux qu'elle soit libre dans l'habitation. (Mama Jumbo sort par le même côté que Jaguarita.)

HECTOR, se récriant.

Libre!... cependant...

HÉVA.

Tout est gardé au dehors!..... elle ne peut s'échapper... A bientôt, Messieurs..... et n'oubliez pas que, ce soir, je donne une grande fête pour célébrer l'arrivée de notre vaillant défenseur. (Elle sort par la droite, suivie des gens de l'habitation.)

SCÈNE VIII.

HECTOR, MAURICE, PETERMANN, PUIS JAGUARITA.

MAURICE.

Que dites-vous, major, de cette jeune Indienne? voilà une étrange femme!... Qu'elle est belle!... et comme ce caractère

indompté sied bien à sa mutine figure! Et puis, quels yeux!
quelle taille! quels bras!... quels pieds!

HECTOR.

Je trouve mademoiselle Héva cent fois plus belle...

MAURICE.

Certainement... et moi aussi... mais il y a dans cette jeune
fille un charme, une audace, une volonté!... c'est bien là une
reine sauvage!..... Et je pense qu'après une pareille capture
nous aurons bon marché de sa tribu...

HECTOR, vivement.

Comme ça il n'y aurait plus de guerre?...

PETERMANN.

Bon!... voilà le major désolé à l'idée de ne pas se battre...
Rassurez-vous, mon major... les Indiens n'en seront que plus
acharnés pour ravoir leur petite reine; et si vous m'en croyez,
sauf votre respect, vous ferez votre plan de campagne avec le
capitaine...

MAURICE.

Avec vous aussi, mon brave sergent, qui connaissez à fond
cette guerre de ruses et d'embûches... Votre avis, major?...

HECTOR, balbutiant.

Mon avis est... que cela finisse le plus tôt possible!...

PETERMANN.

C'est ça!....... que nous exterminions cette maudite engeance... que nous les traquions comme des bêtes fauves, que
nous fondions sur eux, comme l'aigle sur sa proie!... quitte à
risquer d'en être scalpés, brûlés, dévorés...

HECTOR, hors de lui.

Du tout, du tout!... ce n'est pas ça que j'entends... Comme
il y va, le sergent!

PETERMANN.

Vous entendez vaincre ces maudites peaux-rouges, mon major, je vous comprends!... mais il ne faut pas vous figurer que
nous vous laisserons marcher toujours en avant, le premier à

notre tête, comme votre vaillant père... Nous serons là, pour vous retenir, pour vous arrêter!...

HECTOR.

C'est ça, sergent, vous m'arrêterez... (A part.) Il a du bon le sergent!...

PETERMANN.

Mais, avant tout, mon major, il faut rejoindre notre camp, cette nuit même...

MAURICE.

Oui, mystérieusement... pendant la fête... On dit que nos soldats, campés à deux milles d'ici, s'inquiètent de ne pas voir leur chef venir parmi eux... dès ce soir, major, il est urgent de se mettre en route!...

HECTOR.

Y pensez-vous? la nuit, dans ces forêts!... mais nous ne verrons pas nos ennemis!

PETERMANN, avec enthousiasme.

Ah! je reconnais bien là le sang des van Trump!... tout comme son père. Le major voudrait déjà se trouver en face des Indiens, à portée de leurs flèches, n'est-ce pas?... Du tout, mon major!... nous regagnerons notre camp cette nuit!... guidés par une lanterne..... c'est suffisant pour faire fuir les serpents boas qui prendront le frais sur la route.

HECTOR.

Ah! il y a aussi des serpents boas?...

MAURICE.

Beaucoup, major, beaucoup!

PETERMANN.

Mais à moins qu'ils n'aient mal soupé, ces animaux-là ne mangent que le matin...

HECTOR.

Et quand ils ont mal soupé?

PETERMANN.

Alors, ils mangent toujours!... Je dis donc que, guidés par une lanterne... (Musique en sourdine à l'orchestre.)

MAURICE.

Chut!... n'avez-vous pas entendu?

HECTOR ET PETERMANN,

Quoi donc!

MAURICE, désignant le berceau à droite.

De ce côté...

HECTOR.

Derrière cette natte de joncs...

PETERMANN.

Malheur au curieux qui nous écouterait!... (Maurice court à la petite case à droite, soulève la natte de joncs, et l'on voit Jaguarita endormie et couchée sur un banc de feuillage.)

MAURICE.

La petite reine sauvage!... Elle dort!...

HECTOR.

Elle dort?...

PETERMANN.

Ou elle feint de dormir, pour nous espionner et surprendre nos projets.

MAURICE.

Y songez-vous?

PETERMANN.

Les Indiens! c'est capable de tout... cette jeune fille-là, qui à la malice d'un chat-tigre... (Il tire un pistolet de sa ceinture.)

MAURICE, vivement.

Qu'allez-vous faire?

PETERMANN, bas à Maurice et à Hector.

Une ruse de guerre, capitaine... (A haute voix.) Ma foi, mon major, puisque nous tenons notre plus terrible ennemie dans nos mains, je crois que le plus court serait d'en finir avec elle... (Il met son pistolet sur le cœur de Jaguarita.) Et ça ne sera pas long!

MAURICE ET HECTOR.

Arrêtez!

PETERMANN, examinant Jaguarita.

Pas un geste, pas un mouvement;... allons, décidément, elle dort, et j'avais tort de supposer...

MAURICE.

Pauvre enfant!..... elle rêve à son carbet royal, à son lac d'azur... aux baisers de sa mère, peut-être!

HECTOR.

Ou bien à nous faire scalper par ses barbares sujets! (Jaguarita chante en rêvant.)

MAURICE, écoutant.

Non, major, non, sa voix est douce comme le soupir du vent... Écoutez... écoutez; ce sont de tristes adieux... de mélancoliques regrets... (Il laisse retomber la natte qui cache la jeune fille endormie. — La musique cesse.)

PETERMANN.

Possible, mon capitaine! mais, si ce petit démon femelle nous avait en son pouvoir... vous lui entendriez chanter une autre chanson, et si vous m'en croyez, nous en finirons promptement avec toute son engeance... et dès ce soir...

MAURICE.

Nous nous rendrons au camp!

PETERMANN, indiquant la route sur une carte géographique qu'il a ouverte sur le guéridon.

Par ce sentier.

MAURICE.

Vous nous servirez de guide, sergent.

PETERMANN.

Sauf votre avis, capitaine, ça serait une fausse manœuvre... il faut que le major nous précède seul, à dix pas devant nous, la lanterne à la main, en éclaireur...

HECTOR, vivement.

Un major en éclaireur! ça ne s'est jamais vu!...

MAURICE.

En effet, un pareil poste...

PETERMANN.

C'est le plus sûr, capitaine... les Indiens n'ignorent pas que, pendant nos courses nocturnes, c'est un simple soldat qui éclaire la marche... ce ne sera donc pas au major qu'ils enverront quelqu'une de leurs maudites flèches, mais à vous ou à moi, qu'ils prendront pour celui qu'ils appellent le grand chef des blancs !...

MAURICE.

Bravo ! sergent, voilà une excellente idée !

HECTOR.

Excellente !... je ne sais pas la route...

PETERMANN.

Nous vous l'indiquerons, mon major..... et si l'un de nous trois ne reste pas en chemin, nous arriverons demain, au point du jour, à notre camp... voilà !

MAURICE.

Voilà !

HECTOR, à part, montrant Petermann.

A la première occasion, je mettrai ce sergent-là aux arrêts pour six mois !

SCÈNE IX.

LES MÊMES, TOBIE.

TOBIE.

Ma maîtresse fait prévenir le major van Trump et le capitaine Maurice que le gouverneur de la colonie attend ces Messieurs, pour se concerter avec eux sur l'expédition.

HECTOR, à Tobie.

Le gouverneur !... nous vous suivons...

MAURICE.

Vous viendrez avec nous, sergent Petermann. (A Hector.) Son expérience peut nous être des plus utiles !

HECTOR, bas à Maurice.

Y pensez-vous! un simple sergent! un enragé qui ne demande que plaies et bosses!...

MAURICE.

Eh bien, ça vous va, major, ça rentre dans vos goûts!...

HECTOR, à part, sortant.

Décidément, tout le monde me croît un héros, ici... excepté moi! (Maurice et Petermann suivent le major.)

SCÈNE X.

JAGUARITA, puis MAMA-JUMBO.

A peine sont-ils sortis, que Jaguarita écarte la natte, se lève et regarde autour d'elle; après s'être bien assurée qu'ils se sont éloignés, elle sort de sa cachette. A ce moment on voit paraître au fond Mama-Jumbo, qui se glisse mystérieusement près de Jaguarita.

JUMBO.

Me voilà!

JAGUARITA.

Tu nous guettais?

JUMBO.

J'ai tout vu! tu n'as pas tremblé quand cet homme t'a mis le pistolet sur le cœur?...

JAGUARITA.

Jaguarita est rusée comme la panthère, elle sait feindre le sommeil, la douleur et la joie... elle s'est fait amener prisonnière ici par Mama-Jumbo, notre allié, pour surprendre le secret de ses ennemis, pour leur tendre des embûches et les livrer aux siens!

JUMBO.

Écoute, Jaguarita..... j'ai fait ce que tu as voulu..... mais si les blancs touchent à un cheveu d'or de ta tête..... si ta vie court un danger, je renonce au double rôle que j'ai pris... et mon tomahawk leur apprendra qu'ils n'ont pas d'ennemi plus acharné que Mama-Jumbo, le trappeur!

JAGUARITA, avec autorité.

Tais-toi, esclave!... tu n'as pas comme la fille de notre dieu, le don de voir ce que les mortels ne voient pas... J'ai vu la ruine de ma tribu, si je n'obéissais pas à l'oracle; et tu sais ce qu'il a dit?...

JUMBO.

Il a dit que deux chefs blancs viendraient combattre les Anakotaws; mais que l'un des deux, seul, était terrible et courageux, et que celui-là vaincrait la tribu, s'il ne succombait pas aujourd'hui même sous nos coups.

JAGUARITA.

Jaguarita s'est dévouée pour son peuple! elle s'est faite esclave pour le sauver... et voici ce qu'elle a surpris: Les deux chefs doivent partir, cette nuit, pour se rendre à leur camp... celui qui portera la lumière sera l'un des deux chefs!

JUMBO.

Impossible! c'est un de leurs soldats qui sert toujours de guide...

JAGUARITA.

Ce sera l'un des deux chefs... ils l'ont dit... (Baissant la voix.) Mais il faut savoir si c'est le plus brave des deux!... celui qu'a désigné l'oracle!

JUMBO.

Et comment le découvrir?

JAGUARITA.

Jaguarita le saura... elle est femme... sa ruse et sa finesse se chargeront de l'épreuve.

JUMBO, écoutant.

On approche! l'oreille d'un trappeur ne se trompe jamais... qu'ordonne Jaguarita?

JAGUARITA.

Fais cacher Zam-Zam, le noir, dans les roseaux du lac aux serpents...

JUMBO.

Chaque coup de sa carabine donne la mort!...

JAGUARITA.

Je le sais... L'épreuve va me révéler quel est le chef vraiment
redoutable à ma tribu... je ferai que celui-là éclaire la marche
de ses guerriers... et c'est lui que Zam-Zam va frapper... Les
voici!... va-t'en, et obéis!

JUMBO.

Par le Grand-Esprit, Jaguarita, ne t'expose pas, au moins!...

JAGUARITA, fièrement.

Et que t'importe?

JUMBO, avec expression.

Il m'importe que tu vives..... car le jour où tu mourrais
serait le dernier jour de Mama-Jumbo! (Il disparait par le fond.)

SCÈNE XI.

JAGUARITA, HECTOR, MAURICE en uniforme de
capitaine, entrant tous deux par la gauche.

TRIO.

MAURICE, à Hector, montrant Jaguarita.
Voici notre belle ennemie!
Quels yeux! quel visage charmant!

HECTOR.
Fort bien, mais moi, je m'en défie,
D'après le conseil du sergent!

MAURICE, à part, regardant la jeune fille.
Quoi! sous cet air simple et candide,
Cacher l'astuce et la noirceur!
Dans ce regard calme et limpide
Je ne vois que grâce et douceur!

JAGUARITA, à part.
Des deux chefs le plus intrépide
Aux nôtres doit porter malheur;
Que le Grand-Esprit soit mon guide,
Afin de pénétrer son cœur!

HECTOR, à part.
Moi, de cet air simple et candide

Je crains la trompeuse douceur ;
Pourtant, j'en conviens, la perfide
Pourrait séduire un faible cœur!

JAGUARITA, à Hector.

De la tribu qui me tient en otage
N'es-tu pas le grand chef?

HECTOR, riant.

         Le grand chef, c'est charmant!
Cette belle Indienne nous prend
Pour une peuplade sauvage!

JAGUARITA, à Hector.

Réponds!

HECTOR.

Je suis le chef!

JAGUARITA.

         Tu n'as pas l'air méchant...

HECTOR, saluant.

Trop de bontés assurément.

JAGUARITA.

Et tu ne scalpes pas tes captifs?

HECTOR, avec horreur.

         Quel usage!

JAGUARITA.

Tu ne les manges pas?

HECTOR, révolté.

         Ah çà, décidément,
Elle me croit anthropophage!...

ENSEMBLE.

MAURICE, à part.

Quoi! sous cet air simple et candide
Cacher l'astuce et la noirceur!
Dans ce regard doux et timide,
Je ne vois que grâce et douceur!

JAGUARITA, à part.

Des deux chefs le plus intrépide
Aux nôtres doit porter malheur;

Que le Grand-Esprit soit mon guide,
Afin de pénétrer son cœur!

HECTOR, à part.

Moi, de cet air simple et candide,
Je crains la trompeuse douceur;
Pourtant, j'en conviens, la perfide
Pourrait séduire un faible cœur!

JAGUARITA, à Hector qui détourne la tête à son approche.

Le grand guerrier est fâché, je le vois;
Pour que son cœur devienne tendre,
Faut-il que je lui fasse entendre
Le chant de l'oiseau de nos bois?

MAURICE, vivement.

Oui, ma belle, fais-nous entendre
Le chant de l'oiseau de tes bois.

CHANSON INDIENNE.

Premier couplet.

JAGUARITA.

Gentil colibri!
 O doux ami,
Qui de loin m'appelles,
 Je viens, me voici;
 O doux ami!
Que n'ai-je tes ailes?
Suivant dans les airs
De tes doux concerts
Les accents fidèles,
Je te poursuivrais,
Et je te dirais :
Gentil Colibri,
Qui toujours m'appelles,
Sois mon favori,
Mon oiseau chéri;

 Je t'en supplie,
 Tout attendrie,
 Hélas! hélas!
 Ne t'envole pas!

Deuxième couplet.

Penchés tous les deux,
En amoureux,
Sur la fleur qui tremble,
Quel destin heureux,
Délicieux,
De chanter ensemble !
Quand la nuit viendrait,
Qu'elle émaillerait
Les cieux d'étincelles,
Tu m'écouterais,
Je te chanterais :
Gentil colibri,
O doux ami,
Qui de loin m'appelles,
Je viens, me voici ;
O doux ami,
Que n'ai-je tes ailes !

Je t'en supplie,
Tout attendrie,
Hélas ! hélas !
Ne t'envole pas !

MAURICE.
Que sa voix est divine et pure,
Et quel cœur n'en serait touché !

JAGUARITA, à Maurice tendrement.
Ah ! maintenant j'en suis bien sûre,
Mon colibri n'est plus fâché ?

HECTOR, à part.
Il n'est vraiment pas trop poli
De m'appeler son colibri.

JAGUARITA, à Hector.
Donne ta main, que je la presse,
Et tourne vers mes yeux tes yeux.

Elle lui prend la main.

MAURICE, à part, riant.
Je crois que cette enchanteresse
Rendra le major amoureux !

HECTOR, entraîné malgré lui.
Mais sa main est douce et jolie!...

JAGUARITA, souriant.
Du serpent, pourtant, c'est le dard!...

HECTOR, vivement.
Plaît-il ?

JAGUARITA.
Exprès ou par hasard,
Elle peut vous ôter la vie...

HECTOR, jetant un cri d'effroi.
Le coup d'ongle! ah! grand Dieu! ce qu'a dit le sergent!...
Je me le rappelle à présent !

JAGUARITA, mettant la main sur le cœur d'Hector.
Comme ton cœur bat maintenant!

Retenant Hector par la main.
Tu veux fuir... je te tiens vraiment.

HECTOR, s'échappant.
Lâchez-moi, lâchez-moi! maudit petit serpent!...

JAGUARITA, à part.
Ah! le voilà pâle et tremblant!

ENSEMBLE.

JAGUARITA, à part.
Comme il a peur!
Comme il a peur!
Son cœur
S'agite!
Il fuit bien vite;
Ce n'est pas lui,
Ce n'est pas lui,
Cet ennemi
Au cœur terrible,
Chef invincible,
Ce n'est pas lui !

HECTOR, à part.
Oui, j'ai grand' peur,
Oui, j'ai grand' peur,

Mon cœur
S'agite.

Fuyons bien vite!
Oui, j'ai frémi
Quand j'ai senti
Sa main terrible;
Moment horrible!
Oui, j'ai frémi,
Oui, j'ai frémi!

MAURICE, à part, riant.

Comme il a peur!
Comme il a peur!
Son cœur
S'agite,
Il fuit bien vite!
Il tremble encor,
Ce fier major!
Chef invincible,
Au cœur terrible,
Il tremble encor,
Il tremble encor!

JAGUARITA, à Hector qui s'éloigne dès qu'elle s'approche.

M'abandonner ainsi... c'est mal!

HECTOR, à Maurice.

Je crains sa griffe de chacal...

MAURICE, s'approchant de l'Indienne.

Une griffe..: Sa main divine,
Ces doigts si blancs, si frais, si doux!...
Et, sous cette grâce féline,
Des regards à nous rendre fous!

JAGUARITA, tendant la main à Maurice avec coquetterie.

Eh quoi!... cette main qui peut faire
Périr un ennemi... tu ne la craindrais pas?

MAURICE, vivement.

Ah! je l'embrasserais, ma chère,
Dût-elle donner le trépas!...

JAGUARITA, le défiant.

Non, non... tu ne l'oserais pas...

MAURICE.

Donne donc...

JAGUARITA.

La voici !

Mettant son autre main sur le cœur de Maurice.

Tu trembles !

Montrant Hector.

Au grand chef, ici, tu ressembles...

MAURICE, caressant la main de Jaguarita.

Je tremble...

JAGUARITA.

De frayeur ?

MAURICE, avec amour.

Oh ! non pas ! de bonheur !

ENSEMBLE.

JAGUARITA, à part, et plaçant son oreille sur le cœur de Maurice.

C'est de bonheur
Que bat son cœur !
Comme il s'agite,
Il bat plus vite !
Ah ! c'est bien lui,
Cet ennemi,
Plein de courage !
Mais c'est dommage
De voir en lui
Notre ennemi !

MAURICE, regardant la jeune fille avec amour.

C'est de bonheur
Que bat mon cœur !
Comme il s'agite,
Il bat plus vite !
L'œil ébloui,
J'admire ici
Ce frais visage,
Cet air sauvage !
Mon œil ici
Est ébloui !

HECTOR, à part, regardant Jaguarita avec terreur.

D'elle j'ai peur,
Ah! j'ai grand' peur!
A la fuir vite,
Oui, tout m'invite!
Ah! j'ai frémi
Quand j'ai senti
Sa main sauvage...
Son cœur, je gage,
Me traite ici
En ennemi!

HECTOR, à Maurice, qui veut baiser la main de Jaguarita.

Garde à vous, capitaine! garde à vous! vous vous laissez prendre par cette sirène sauvage...

MAURICE, tout troublé.

Vous avez raison, major... le regard de cette jeune fille... (A demi-voix.) Je m'éloigne... Je vais voir si tout est prêt pour notre départ, et je reviens vous avertir... Jusque-là veillez bien sur notre prisonnière... (A part, regardant Jaguarita.) Elle est adorable! (Il sort.)

SCÈNE XII.

JAGUARITA, HECTOR.

HECTOR, à lui-même.

Veillez... veillez... Je veillerai sur elle et sur moi... (Il va pour sortir. Jaguarita lui barre le passage.)

JAGUARITA.

Le grand chef a donc peur de la reine des Anakotaws?...

HECTOR.

Apprenez, Mademoiselle, que le grand chef n'a peur de rien! Mais vous possédez une certaine griffe qui ne me plaît pas du tout... et je plains fort le mari que vous prendrez, si vous avez avec lui quelque difficulté de ménage.

JAGUARITA.

Jaguarita n'aura jamais de mari... elle a vu le grand chef blanc !...

HECTOR, à part.

Ah çà ! mais c'est une déclaration qu'elle me fait là ! Comme ça s'enflamme vite une femme sauvage ! Après tout, ma tante Anastasie me l'avait prédit (soupirant.), mon physique devait faire bien des victimes !...

JAGUARITA, tournant autour d'Hector.

Comme tu es beau ! comme tu es doré ! Le Serpent-Rouge est plus grand que toi... mais il n'est pas si gentil !...

HECTOR.

Qu'est-ce que c'est que le Serpent-Rouge ?

JAGUARITA.

C'est le roi des Amaguilis, qui veut unir nos tribus et me prendre pour femme... Un grand chef aussi !... qui porte dix colliers de corail à son cou et deux anneaux d'or au bout du nez...

HECTOR, riant.

Voilà qui doit être charmant !...

JAGUARITA.

Et cela t'irait encore mieux qu'au Serpent-Rouge !

HECTOR.

Merci ! je n'y tiens pas !

JAGUARITA.

N'importe ! tu me plais comme te voilà !... (soupirant.) Et j'ai le cœur triste quand je pense que dans peu d'heures tu seras avec le Grand-Esprit.

HECTOR.

Quel Grand-Esprit ?

JAGUARITA.

Celui que vont trouver les guerriers quand ils sont morts avec courage...

HECTOR, vivement.

Mais je ne veux pas mourir le moins du monde !... je me

porte à merveille, et j'espère bien continuer une soixantaine d'années comme ça...

JAGUARITA.

Tu mourras avant que le Tigri-Fowlo ait chanté le retour du jour...

HECTOR, très-ému.

Ah çà! mais, qu'est-ce qu'elle veut dire avec son Tigri-Fowlo?... Cette fille-là me donne froid des pieds à la tête.

JAGUARITA, mystérieusement.

Écoute, mon beau Colibri... Je trahis les miens en te disant ton sort... Mais je ne veux pas que tu meures.

HECTOR, vivement.

Mais ni moi non plus!

JAGUARITA.

Ils ont juré ta perte, et tu ne pourras leur échapper, car ils te guettent jour et nuit.

HECTOR.

Jour et nuit?

JAGUARITA.

Cette nuit même, peut-être, ils s'empareront de toi...

HECTOR.

Et qu'en veulent-ils donc faire de moi, les misérables?

JAGUARITA.

Ils veulent scalper tes beaux cheveux jaunes pour s'en faire un trophée!... Ils t'attacheront à l'arbre sacré pour que chacun d'eux puisse te percer de sa flèche, et te brûleront ensuite sur un bûcher odoriférant, pour se partager les cendres d'un grand chef aussi courageux.

HECTOR, hors de lui et prêt à se trouver mal.

Assez! assez! un pareil tableau est au-dessus de mes forces...

JAGUARITA, l'examinant avec malice.

Qu'as-tu donc?

HECTOR, à lui-même.

Ce que j'ai!... Elle me demande ce que j'ai?... Mais je suis épouvanté de tant d'horreurs !... Ça n'a pas de nom une guerre comme ça !

JAGUARITA.

Que dit là, tout seul, mon beau Colibri?...

HECTOR, à part.

Le Colibri songe à prendre sa volée... on en pensera ce qu'on voudra... Je donne ma démission de brave... Le vaisseau qui m'a conduit ici doit mettre à la voile au point du jour... Je le rejoins cette nuit même ; je me rembarque sous prétexte d'aller chercher du renfort... et, une fois sur la terre natale, du diable si je reviens jamais dans ce damné pays !

JAGUARITA, s'approchant d'Hector.

Le grand chef blanc ne me parle plus... il en veut donc à la pauvre Jaguarita?...

HECTOR.

Au contraire.... vous m'avez donné d'excellents renseignements sur les mœurs de vos sujets, ma chère amie... (A lui-même.) Scalpé !... percé de flèches... et rôti tout vif!... Jamais! jamais! je me dois à mon pays... à ma tante Anastasie... à mes tulipes! (Roulement de tambour à l'extérieur.) Mais ils se rassemblent... Ils vont venir me chercher!... Pas un instant à perdre ! (Éperdu.) Un bûcher odoriférant... mon chant de mort!... Ah ! j'ai les bosses du courage... Eh bien ! mes bosses en auront menti ! (Il sort, par le fond à droite, dans un état complet de trouble et d'exaspération.)

JAGUARITA, le suivant des yeux.

Il part ! il s'enfuit !... Le Grand-Esprit m'a bien inspirée... Ce n'est pas celui-là qui est redoutable et que doit frapper Zam-Zam... c'est l'autre !

SCÈNE XIII.

JAGUARITA, seule.

FINAL.

Les miens ne seront point esclaves,
Et l'oracle fatal ne s'accomplira pas!

Cette nuit, le brave des braves
Va trouver un noble trépas!...

Avec émotion et regrets.

Mourir si jeune et si loin de sa mère!...
Dormir du long sommeil sur la terre étrangère!...
De sa valeur, voilà le prix!

Avec résolution.

Ah! point de pitié dans mon âme!
Guerre éternelle à tous nos ennemis!
Qu'un seul amour, ici, m'enflamme,
L'amour sacré de mon pays!

SCÈNE XIV.

JAGUARITA, COLONS ET CRÉOLES invités pour la fête;
PUIS MAURICE, PETERMANN, ENSUITE HÉVA,
MAMA-JUMBO; SOLDATS HOLLANDAIS au fond.

CHŒUR DES COLONS.

Une fête divine
Nous appelle soudain;
Pour nous on illumine
Frais et riant jardin!
Quelle douce veillée!
Quels moments enchanteurs!
Dansons sous la feuillée
Des lataniers en fleurs!

MAURICE, à Petermann, à demi-voix.

De partir voici bientôt l'heure...
Il faut, pendant le bal, quitter cette demeure...

PETERMAN, regardant autour de lui.

Mais je n'aperçois pas notre vaillant major!

JAGUARITA, qui s'est approchée d'eux.

Parti!...

MAURICE ET PETERMANN.

Parti?

MAURICE.

Sans doute il nous précède...

PETERMANN.

L'amour des dangers le possède...
Mais, en vérité, c'est trop fort!

On entend, à l'extérieur, des airs de danse.

HÉVA, s'avançant gaiement.

Entendez-vous cette musique vive?
C'est le signal
Du bal!
Allons, que l'on me suive!

MAURICE, à Jaguarita.

Il faut partager leur gaîté...
Nous voulons, belle prisonnière,
Rendre, pour vous, douce et légère
Une triste captivité!

JAGUARITA, à part, regardant Maurice avec émotion.

Comme il est bon pour moi! Quelle pitié soudaine
Trouble mon cœur en ce moment!...
Mais non! je suis la reine!...
Je ne dois pas oublier mon serment!

HÉVA, à Maurice.

Allons, venez, on nous attend!

MAURICE, à Héva, montrant Petermann et les soldats.

Des ordres à donner;... je vous suis à l'instant...

REPRISE DU CHŒUR.

LES COLONS.

Une fête divine
Nous appelle soudain!
Pour nous on illumine
Frais et riant jardin.
Quelle douce veillée!
Quels moments enchanteurs!
Dansons sous la feuillée
Des lataniers en fleurs!

Héva veut entraîner Jaguarita, qui regarde Maurice avec émotion.
Elle fait un pas vers lui comme pour lui parler, puis s'arrête
tout à coup et suit la jeune créole. — La nuit est venue. — Dès
qu'Héva, Jaguarita et les invités ont disparu, Petermann fait
approcher les soldats; l'un d'eux tient une lanterne.

3

MAURICE, à Petermann et aux soldats.

Au milieu de l'ombre,
Le péril est grand,
Et dans la nuit sombre
Marchons prudemment!
Glissons-nous dans l'herbe,
Comme le serpent;
Puis, d'un bond superbe,
Frappons sûrement!
O nuit tutélaire,
Protége les pas
Des valeureux soldats,
Mais que le soleil éclaire
Et dore des feux du jour
La victoire et le retour!

MAURICE ET PETERMANN.

Gardons le silence
Au milieu des bois,
Et que la prudence
Nous dicte ses lois!
Mais, quand des collines
L'écho frémira,
De nos carabines
Le feu répondra..
O nuit tutélaire,
Protége les pas
Des valeureux soldats,
Mais que le soleil éclaire
Et dore des feux du jour
La victoire et le retour!

Pendant les apprêts du départ, Jumbo a paru et semble tout observer,
en se tenant à l'écart.

JUMBO, à part.

Zam-Zam est là!... Son arme est sûre!...
Dans les roseaux, tout près d'ici,
Protégé par la nuit obscure,
Il va frapper notre ennemi!

MAURICE, prenant la lanterne des mains d'un soldat.

A moi ce fanal tutélaire,
A moi de guider nos soldats!

JUMBO, à part, regardant Maurice.
C'est donc lui!... Les nôtres, j'espère,
Seront sauvés par son trépas!...

CHŒUR.

MAURICE, PETERMANN ET LES SOLDATS.
Au milieu de l'ombre,
Le péril est grand,
Et, dans la nuit sombre,
Marchons prudemment!
Glissons-nous dans l'herbe,
Comme le serpent;
Puis, d'un bond superbe
Frappons sûrement!
Etc., etc.

JUMBO, à part, avec menace.
Au milieu de l'ombre,
Le péril est grand,
Et, dans la nuit sombre,
Quelqu'un vous attend;
Il rampe dans l'herbe,
Comme le serpent,
Mais, fier et superbe,
Frappe sûrement.

Maurice, Petermann et les soldats s'éloignent par le fond, mystérieusement, sur une marche qui va s'éteignant dans le lointain.
— Mama-Jumbo se glisse à leur suite en faisant un geste de
menace. — Le rideau baisse.

FIN DU PREMIER ACTE.

ACTE DEUXIÈME

SCÈNE PREMIÈRE.

HECTOR passe la tête par l'ouverture du rocher, et regarde avec frayeur
au dehors ; il est très-pâle, et arrive tout tremblant sur la scène.

Personne... et je puis sortir de ma ténébreuse retraite...
Ouf! quelle nuit de mystère et d'horreurs !... Je quittais hier
au soir l'habitation de la charmante Héva, dans la ferme résolution de regagner le navire hollandais, et de faire voile au
plus tôt vers ma chère patrie... et les bras de ma tante... je
cheminais... tremblant à chaque pas, de voir briller, dans la
nuit obscure, les yeux d'un sauvage ou d'une panthère,
quand j'entends tout à coup marcher derrière moi... je me
crois poursuivi par mes vaillants compagnons d'armes... et,
craignant autant mes amis que mes ennemis, je me plonge dans
un marais voisin et je m'y blottis... tout à coup, les joncs s'a-
gitent à quelques pas de moi... un objet informe s'avance, dans
l'ombre, de mon côté... N'ayant aucune envie de faire une
nouvelle connaissance, je m'élance pour sortir du marais...
mon diable de pistolet s'engage au milieu des lianes... le coup
part... et j'entends tomber une lourde masse qui fait crier
sous son poids les ronces et les roseaux... Éperdu, je quitte,
à la hâte, cette onde inhospitalière... je prends ma course à
travers les taillis... et je me glisse dans cette grotte obscure...
où j'ai l'alternative de mourir de faim, si j'y reste... ou bien
d'être dévoré, si j'en sors..

COUPLETS.

Dans ma douce patrie,
Pays rempli d'appas,
La table était servie
Pour mes quatre repas !
Ah ! pourquoi, sort étrange,
Ai-je donc voyagé ?...
Dans mon pays on mange...
Ici, l'on est mangé !...

Deuxième couplet.

La dent de la panthère,
Le ventre du boa,
La flèche meurtrière...
Voilà le choix qu'on a !
Ah ! pourquoi, sort étrange !
Ai-je donc voyagé ?...
Dans mon pays on mange...
Ici, l'on est mangé.

Bruit au dehors. Parlé sur la ritournelle du chœur suivant.

Grand Dieu !... les voici à ma poursuite... ah ! c'est fini...
c'est fait de moi !... (Au comble de l'effroi, il disparaît dans la caverne.)

SCÈNE II.

SOLDATS HOLLANDAIS, accourant avec agitation et colère.

CHŒUR.

Sur ce rivage
Notre courage
Va défaillir !
C'est trop souffrir !
On ne peut faire
Pareille guerre
Sans périr tous !
Révoltons-nous !

SCÈNE III.

Les Mêmes, MAURICE, puis PETERMANN.

MAURICE.

Qu'entends-je? soldats, quel délire !
Pourquoi ces cris?

LES SOLDATS.

Nous voulons quitter ce pays,
Ces bords maudits !

MAURICE.

Quand un nouveau chef qu'on admire
Va terrifier nos ennemis...

LES SOLDATS.

Ce chef, depuis longtemps promis,
Ne vient jamais!...

PETERMANN accourant, un pistolet à la main.

Arrêtez, mes amis!...
Notre major, ce guerrier magnanime,
S'est signalé déjà par un haut fait.

TOUS.

Par un haut fait?

Hector montre sa tête à l'ouverture du rocher et écoute.

PETERMANN, continuant.

Et, près du corps de sa victime,
Il a laissé son pistolet.

TOUS.

Il se pourrait!

PETERMANN.

Le héros n'est pas loin.., il a tué, tout net,
Le plus adroit tireur de toute la forêt,
Zam-Zam, dont le coup d'œil ici nous décimait.

TOUS.

Ah! quel beau trait !

A ce moment, Hector qui est sorti doucement de sa cachette sans être vu,
s'avance au milieu des soldats.

SCÈNE IV.

LES MÊMES, HECTOR.

PETERMANN, montrant Hector.
Que vous disais-je!...

MAURICE.
Le voic !

PETERMANN.
Honneur à lui!

TOUS.
Honneur à lui !

CHŒUR DE SOLDATS.

Heureux présage !
Par son courage
Il va venir
Nous soutenir.

HECTOR, saluant.
Mes chers amis, avec plaisir...
Je viens ici vous soutenir!

MAURICE ET PETERMANN.
Ne craignons plus les coups du sort,
    Zam-Zam est mort !
Et nous serons vainqueurs encor,
    Grâce au major.
Aussi toujours dans les combats,
    Vaillants soldats,
Suivons partout, suivons ses pas,
    Suivons ses pas !

HECTOR, à part.
Cruelle destinée!
Je dois guider leurs pas...
Ma vie est condamnée
A la gloire, au trépas!
Il faut le reconnaître,
J'en donne ici ma foi,

On est malheureux d'être
Un héros malgré soi.

CHŒUR.

Ne craignons plus les coups du sort,
    Zam-Zam est mort!
Et nous serons vainqueurs encor,
    Grâce au major.
    Quel jour prospère!
    Plus de misère!...
    Ah! tombons tous
    A ses genoux!

Ils entourent Hector et veulent tomber à ses pieds.

HECTOR, les arrêtant avec embarras.

Non!... non!... je vous en prie... ne vous dérangez pas...
ça n'en vaut pas la peine!

MAURICE.

Ah! mordieu, major... c'est aussi par trop de modestie!...

PETERMANN, se récriant.

Ça n'en vaut pas la peine!!! sacrebleu! mon major, vous
ne savez donc pas ce que vous avez fait?

HECTOR.

Dame!... j'avoue que tout à l'heure...

PETERMANN.

Mais vous avez exterminé le féroce Zam-Zam!...

HECTOR, étonné.

Ah! ça s'appelait Zam-Zam, cet animal-là!

PÉTERMANN.

Zam-Zam, le guetteur d'hommes... Zam-Zam, qui se met-
tait à l'affût tous les soirs... et qui nous ajustait à coup sûr,
comme d'innocents lapins... c'est un fier débarras que nous
vous devons là, mon major!...

MAURICE, à Hector.

Veuillez donc nous raconter dans tous ses détails ce glorieux fait d'armes...

PETERMANN.

Je suis d'une impatience!...

MAURICE.

Nous écoutons, major... (A demi-voix.) Ce sera d'un excellent effet sur l'esprit des soldats...

HECTOR, balbutiant.

Vous saurez donc... mes amis... qu'hier au soir... j'avais l'intention... parce que... dame!.. il ne faut pas m'en vouloir... il y a des moments où le plus intrépide... on a vu les plus grands guerriers...

MAURICE.

Que diable nous dites-vous là, major?...

PETERMANN.

Encore cette enragée modestie!... notre chef est embarrassé de parler de lui-même!... voilà...

MAURICE.

Eh bien! moi, j'ai deviné la chose comme si je l'avais vue... et sacrebleu! major, je vous demande la permission de la raconter à votre place...

HECTOR, serrant la main de Maurice.

Eh bien, sacrebleu! capitaine, vous me ferez grand plaisir!...

MAURICE.

Voici donc la vérité... Rectifiez, major, si je fais quelque erreur... Hier au soir, notre bouillant chef s'est dit: Quand on s'appelle Hector van Trump, on ne peut pas prendre le commandement d'un régiment sans prouver qu'on est digne de cet honneur!... alors, sachant qu'un cruel ennemi rôdait tous les jours aux portes de l'habitation, il s'est embusqué dans les bambous du petit lac... Zam-Zam de son côté était à l'affût;... les deux guerriers se sont rencontrés... il s'en est suivi un combat terrible... épouvantable... mais bientôt le major a visé son adversaire d'une main qui ne tremble jamais..... et le monstre a roulé par terre frappé d'un plomb mortel... Rectifiez, major, rectifiez!

HECTOR, vivement.

Non! capitaine..... non..... trop poli pour jamais vous démentir.

3.

PETERMANN.

Et pour preuve de sa belle action, le major a placé sur le corps du sauvage le pistolet où est gravé son nom... comme pour dire à tous : « Voilà ma proie !... voilà mon butin ! voilà comme je traiterai toutes les gueuses de peaux-rouges !... » Rectifiez, mon major, rectifiez !...

HECTOR.

Non, non, saperlote ! vous savez tout cela mieux que moi, parole d'honneur... après ça, c'est tout simple... vous qui connaissez le pays...

PETERMANN.

Ah ! du train dont vous y allez, cette guerre sera bientôt finie !...

TOUS LES SOLDATS.

Vive le major !... Vive le major !...

REPRISE DU CHŒUR.

Ne craignons plus les coups du sort,
Zam-Zam est mort !
Et nous serons vainqueurs encor,
Grâce au major.
Quel jour prospère !
Plus de misère !
Ah ! tombons tous
A ses genoux !

Ils entourent Hector et lui prennent les mains.

SCÈNE V.

LES MÊMES, MAMA-JUMBO.

MAURICE.

Mais que nous veut Mama-Jumbo ?...

JUMBO.

Le trappeur vient dire au grand chef qu'il n'était pas sûr de laisser la jeune Indienne à l'habitation.

PETERMANN.

Jaguarita!...

MAURICE.

La jolie petite reine?...

HECTOR.

Elle se serait échappée, la sauvagesse?...

JUMBO.

Oh non!... Mama-Jumbo fait bonne garde... mais la Masséra craint une attaque des courlis rouges pour délivrer la prisonnière... et le vieux Tobie, avec une escorte, amène la reine au camp du grand chef, où elle sera mieux gardée...

HECTOR.

Au fait, c'est plus prudent...

JUMBO.

C'est égal... pendant la route, le vieux Tobie et son escorte ont eu une fière alerte.

HECTOR.

Vous auriez rencontré le féroce Zam-Zam?... Allons, j'oublie que je l'ai tué... (Se rengorgeant. — A Mama-Jumbo.) Car j'ai tué Zam-Zam, sauvage... tu ne le savais pas... ni moi, non... (se reprenant.) Mais le sergent te racontera la chose... il la raconte fort agréablement, le sergent!...

MAURICE, à Jumbo.

Mais cette alerte dont tu parlais?

JUMBO.

Oh rien!... c'étaient des jeunes Indiennes de la tribu des Anakotaws... Sachant que l'on conduisait ici leur reine, elles sont venues à sa rencontre, en demandant la permission de la suivre au camp...

PETERMANN.

Et j'espère qu'on leur a permis...

JUMBO.

Sans doute... des femmes...

HECTOR.

Des femmes!... oh! mais dans ton pays c'est fort dangereux,
le beau sexe... le sergent m'a raconté lui-même...

PETERMANN.

Oui, mon major, oui... vous avez raison... c'est traître!...
ça mord, ça pince, ça égratigne... c'est même pas mal anthropophage..... mais c'est caressant... c'est gentil... (A ce moment
une longue flèche vient tomber et se fixer en terre au milieu du théâtre, aux pied
d'Hector.)

HECTOR, faisant un bond.

Miséricorde!... qu'est-ce que c'est que ça?...

MAURICE.

Une flèche!...

HECTOR.

Une attaque de sauvages!...

PETERMANN, qui a pris la flèche.

Non, mon major... pour le moment, contenez encore votre
valeur!... Pas tant d'impatience, s'il vous plaît... votre servi-
teur connaît les habitudes de messieurs les Anakotaws... Cette
flèche est un message... (Détachant une lettre qui était liée à la flèche.
Tenez plutôt... (Il présente le billet à Hector.)

HECTOR, sans le prendre.

Une lettre!... voilà une drôle de manière de mettre une
lettre à la poste...

PETERMANN.

C'est leur idée!...

HECTOR.

Mais si la flèche m'était tombée sur la tête...

PETERMANN.

Oh! dame, le port vous aurait coûté un peu cher... (Présen-
tant toujours la lettre.) Lisez, mon major.

HECTOR.

Mais du tout... à l'Université d'Utrecht, je n'ai pas appris
l'anakotaws... je ne sais pas le parler... et je le lis encore
moins...

MAURICE, qui a pris le papier et l'a ouvert.

Oh! c'est du hollandais, major... du hollandais le plus pur... écrit sans doute par un des nôtres qui fait partie de leurs prisonniers...

HECTOR.

Alors, lisez ça, capitaine... voyez ça...

MAURICE, qui a parcouru l'écrit.

« Les vieux guerriers de la peuplade vous proposent une trève... »

HECTOR, vivement.

Très-bien !...

MAURICE, continuant.

« Jusqu'à demain, au lever du soleil... »

HECTOR, désappointé.

Jusqu'à demain !...

PETERMANN.

Oh! rassurez-vous, mon major... dans ce pays-ci, le soleil n'est pas paresseux... Il fait jour presque toute la nuit...

MAURICE.

Ils vous proposent, en outre, un échange de prisonniers... Vingt de nos soldats contre Jaguarita la reine...

HECTOR.

Vingt hommes pour une femme... pour une petite femme !...

PETERMANN.

C'est humiliant pour nous, n'est-ce pas, mon major?

HECTOR.

Il paraît que c'est un objet de grande valeur...

MAURICE.

C'est leur reine !

PETERMANN.

Et puis, elle vous a une tête !...

MAURICE.

Vos ordres, major ?...

HECTOR.

Accepté, capitaine... J'aime mieux vingt soldats de plus... et une sauvage de moins... Mais comment leur faire savoir?... (Montrant la flèche.) Je ne me charge pas de leur lancer le même courrier...

JUMBO, s'avançant.

Si le grand chef le désire... je leur porterai moi-même la réponse...

HECTOR.

Oui... oui... c'est ça... et annonce-leur, par la même occasion, que j'ai exterminé le féroce Zam-Zam... et que je pourrais bien les exterminer tous de même... C'est très-facile et ça ne me coûte pas grand'chose... Va, sauvage... va... (Mama-Jumbo sort. — La ritournelle du morceau suivant se fait entendre.)

MAURICE, aux soldats.

Et vous, enfants, puisque nous avons une trêve, le major permet qu'on dépose un moment les armes, et qu'on se divertisse!...

TOUS, déposant leurs armes en faisceaux.

Vive le major!... (A ce moment paraît, au fond, un essaim de jeunes filles.)

HECTOR.

Mais qui nous arrive ici?

MAURICE.

C'est la jeune reine captive et ses compagnes!

SCÈNE VI.

HECTOR, MAURICE, PETERMANN, Soldats, JAGUARITA, Jeunes Indiennes de sa tribu, TOBIE, Colons de l'habitation, escortant la reine.

CHANT.

JAGUARITA.

J'ai vu venir à moi mes compagnes fidèles ;
Pour adoucir l'ennui de ma captivité,

Leurs frères, leurs époux, elles ont tout quitté,
Et, pour franchir l'espace, ont déployé leurs ailes!

MAURICE, à Jaguarita.

Nous connaissons les lois de l'hospitalité;
Partagez donc nos jeux, car chez vous, je le pense...
On doit danser aussi...

JAGUARITA.

               Mais parmi nous la danse
Est une image des combats.

MAURICE.

Ne peut-on admirer ces valeureux ébats?

JAGUARITA, à Maurice.

Tu le veux?

               Elle fait un signe à ses compagnes.

MAURICE.

Je le veux!...

HECTOR, regardant les jeunes filles qui se mettent à entourer
leur reine.

               Les drôles de soldats!

AIR.

JAGUARITA.

A moi ma cohorte guerrière!...
Venez, rassemblez-vous ici;
Bientôt, bientôt le chant de guerre
Vous annoncera l'ennemi.

Les jeunes Indiennes se groupent autour de leur reine et semblent attendre
ses ordres.

Tout dort... et l'heure du silence
Est aussi l'heure du départ;...
Prenez votre arc et votre lance,
Allons, mes sœurs, allons, on part!

CHŒUR.

Prenons notre arc et notre lance,
On part.

               Mouvement de marche.

JAGUARITA, à la tête des Indiennes.

Au sein de la nuit,
Sans bruit,

JAGUARITA L'INDIENNE.

La tribu s'élance !...
Comme le serpent
    Rampant,
Dans l'ombre on s'avance !...
Sous le dôme noir
    Du soir,
Marchons avec joie !
Nous allons saisir,
    Tenir
Enfin notre proie !
L'ennemi qui dort
    A tort
Quand la ruse veille ;
Car il a pour sort
    La mort
Dès qu'il se réveille !...

TOUTES.

Au sein de la nuit, etc.

JAGUARITA.

Approchons, approchons ; voici,
Fière tribu, ton ennemi...
De l'oiseau des combats le cri
Au sein des airs a retenti !

CHANT DE GUERRE.

L'aigle des combats a chanté ;
Marche en avant, tribu guerrière,
Ne regarde pas en arrière !...
C'est la mort ou la liberté !

Lance tes flèches meurtrières,
Ta cause est belle... tu défends
Les tombeaux sacrés de tes pères
Et les berceaux de tes enfants !

L'aigle des combats a chanté, etc.

CHŒUR.

L'aigle des combats a chanté, etc.

JAGUARITA, aux jeunes Indiennes.

Et maintenant, filles des bois,
Par vos jeux et par votre danse

Célebrez ces nobles exploits
Où triomphe notre vaillance !

Les jeures Indiennes dansent sur le chant suivant.

JAGUARITA.

Ah ! dansez,
Bondissez,
Franchissez,
Effacez
Et la trace
Et l'audace
Des guerriers,
Des coursiers !
Oui, les airs,
Les déserts
A vos jeux sont ouverts
Et nos bois
D'autrefois
Sont soumis à vos lois !
Chérissez nos forèts,
Nos bocages épais,
La savane fleurie,
Notre verte prairie,
Et le beau lac si pur
Resplendissant d'azur ;
Voilà notre patrie,
Notre douce patrie !...

Oui, dansez,
Bondissez, etc.

CHŒUR.

Oui, dansons, etc.

LES SOLDATS.

Quels accents ravissants !
Ils enivrent nos sens ! etc.

MAURICE, entrainé, allant à Jaguarita.

Merci, merci, ma charmante... ta voix est douce comme
celle du bengali.

JAGUARITA.

Oh! non... le jeune oiseau ne chante bien qu'en liberté...
et je suis votre esclave.

HECTOR, qui se soutient à peine.

Ah ça! peut-on dormir dans ce diable de pays-ci? Là cha-
leur... la fatigue... je suis brisé!...

PETERMANN.

Je crois bien, mon major, qu'on peut dormir... (Avec volu-
bilité.) Et lorsque vous aurez entendu le rapport, inspecté les
avant-postes, passé la revue des artilleurs, fait faire l'exercice
aux recrues, achevé la correspondance, je crois, sacrebleu,
bien! que vous pourrez dormir.

HECTOR.

Mais il y en a là pour quinze jours!...

MAURICE.

Pour un autre, oui... mais pas pour une tête comme la
vôtre, major.

PETERMANN, à Hector.

Si vous voulez bien, mon major, nous commencerons par
visiter les retranchements et poser les vedettes...

HECTOR, avec tristesse et résignation.

Va donc pour les retranchements... et les vedettes... (Regardant la prisonnière.) Ah çà!... et notre ennemie?

MAURICE, vivement.

Je me charge de veiller sur elle...

PETERMANN.

C'est ça... (Aux Indiennes.) Et vous, mesdemoiselles les sauvages, venez un peu voir notre camp... ça ne fera pas mal...
Vous pourrez dire à vos parents et à vos amis que nous
sommes prêts à commencer la danse!... En avant, marche!
(Musique à l'orchestre. — Petermann fait le salut militaire à Hector, qui passe
devant lui et sort avec les soldats. Petermann marche sur ses pas suivi de Tobie,
des colons et des Indiennes.)

JAGUARITA, à part, les regardant sortir.

Cette nuit... ils seront tous en mon pouvoir!...

SCÈNE VII.

JAGUARITA, MAURICE.

MAURICE.

Rassure-toi, Jaguarita.

JAGUARITA, fièrement.

Jaguarita n'a jamais peur.

MAURICE.

Demain, tu seras échangée... (Avec un soupir.) Demain, tu seras libre !...

JAGUARITA.

Avant demain, la captive pourrait bien compter ses captifs !...

MAURICE.

Ne l'espère pas... notre camp est entouré de soldats... et toi-même te voilà sous ma garde...

JAGUARITA.

Soit !... la reine aime mieux être gardée par toi que par les autres.

MAURICE, vivement.

Ah ! tu préfères...

JAGUARITA.

N'es-tu pas le plus brave de leurs guerriers ?

MAURICE.

Oh ! pas plus que notre chef...

JAGUARITA.

Votre chef !... (Avec dédain.) Il a fui... il est allé se cacher...

MAURICE.

Se cacher... pour guetter un traître... pour tuer un de vos alliés...

JAGUARITA.

C'est impossible !...

MAURICE.

Qui est tombé sous les coups de notre vaillant chef...

JAGUARITA, à part.

Me serais-je trompée !

MAURICE, se rapprochant d'elle.

Allons, Jaguarita... quitte cet air menaçant!... adoucis tes jolis yeux... regarde-moi sans colère... demain tu vas partir... sans doute je ne te reverrai plus... laisse à mon cœur une gracieuse image, un charmant souvenir... car tu es belle, jeune fille... tu es bien belle!...

JAGUARITA.

Belle!... que m'importe!...

MAURICE.

Tu ne veux donc pas être aimée?...

JAGUARITA.

Aimée!... il vaut mieux se faire craindre!...

MAURICE.

Tu nous hais donc bien? tu voudrais notre mort à tous...

JAGUARITA, vivement.

Non, pas à tous!...

MAURICE.

Que dis-tu? ton âme éprouverait pour l'un de nous...

JAGUARITA, un peu émue, le regardant.

Un sentiment de pitié... Mon gardien en serait-il fâché?

MAURICE.

Oh! s'il était vrai, il tomberait à tes genoux pour t'en remercier mille fois...

JAGUARITA.

A mes pieds! toi!... toi!... (Riant.) Ah! ah! ah!... mais chez nous, on ne se prosterne que devant le grand Bambouzi, notre idole de bois..

MAURICE, tendrement, à Jaguarita.

COUPLETS.

Toi, qui n'es de bois ni de pierre,
Toi, qui dois posséder un cœur,

Belle idole, entends la prière
De ton fervent adorateur...
L'amour, la foi que je t'engage,
Ah ! pourrais-tu les refuser...

Regardant à part Jaguarita , qui paraît émue.

Je crois que ma belle sauvage
Finira par s'apprivoiser !

JAGUARITA.

Mais sais-tu bien que dans ma tribu jamais on n'a osé me
parler ainsi !...

MAURICE, avec feu.

Deuxième couplet.

Moi, j'aurais bravé la couronne
De ta sauvage Majesté ;
J'aurais jusqu'aux pieds de ton trône
Parlé d'amour à ta beauté !...

L'attirant sur son cœur.

J'aurais affronté l'esclavage
Pour obtenir un doux baiser...

Il l'embrasse ; Jaguarita, dont le trouble est allé croissant, s'éloigne
en mettant la main sur son cœur.

MAURICE, l'observant, à part.

Je crois que ma belle sauvage
Est bien près de s'apprivoiser !...

JAGUARITA, résistant faiblement, et très-émue, à Maurice,
qui veut lui prendre la main.

Laisse-moi !... laisse-moi !...

MAURICE, pressant.

Je t'en supplie... (A ce moment, on entend une fanfare militaire. — Avec
dépit). Ah ! mon service qui m'appelle...

JAGUARITA.

Va... cours...

MAURICE.

Mais... je ne puis te laisser ainsi seule ?...

JAGUARITA.

Jaguarita juré par le Grand-Esprit de ne pas s'enfuir.

MAURICE, hésitant.

Mais...

JAGUARITA.

Et Jaguarita la reine n'a jamais manqué a son serment.

MAURICE,

Eh bien... je te crois... Mais je te reverrai... n'est-ce pas...
oh! jure-le-moi aussi, Jaguarita!...

JAGUARITA, avec sensibilité.

Je te le jure!... mon ami... mon frère... me reverra ici à la
première ombre de la nuit.

MAURICE.

Oh! merci! merci de l'espoir et du bonheur que tu me
donnes... à bientôt... à bientôt... (il sort.)

SCÈNE VIII.

JAGUARITA, puis MAMA-JUMBO.

JAGUARITA, la main sur son cœur et avec regret.

Il me quitte!... il s'éloigne!... Pourquoi son absence de-
vient-elle douloureuse à mon cœur?... Quand je le voyais là,
près de moi, la brise du soir était plus douce... le parfum
des fleurs plus enivrant... Et maintenant!... (A ce moment,
Mama-Jumbo paraît mystérieusement.)

JUMBO.

Tu es seule?...

JAGUARITA.

C'est toi!...

JUMBO, à demi-voix.

Tout est prêt!... et cette nuit, avec ton aide, ces Européens
seront en notre pouvoir... Ce farouche major, qui a tué notre
allié le plus fidèle!... Oh! malheur à lui... malheur encore à
cet autre qu'ils appellent le capitaine... et qui n'est pas moins
redoutable que le grand chef...

JAGUARITA.

Lui!... Oh! n'invoque pas sur celui-là les maléfices du
Grand-Esprit... je te le défends!...

JUMBO.

Que veux-tu dire?

JAGUARITA, avec émotion.

Je veux... que l'on respecte sa vie... je veux qu'il soit à l'abri de tout péril... entends-tu bien?...

JUMBO.

Le capitaine est un ennemi!...

JAGUARITA.

Pour vous... mais plus pour moi...

JUMBO.

Tu nous as juré de les trahir... de les livrer tous...

JAGUARITA.

Oui, tous... Mais pas lui... pas lui!...

JUMBO.

Ah! voilà ce que je craignais!... Cet étranger t'aura charmée par de belles paroles, par des serments... Oh! ils n'en sont pas avares dans son pays...

JAGUARITA.

Que t'importe!...

JUMBO.

Que m'importe!... à moi!... (Avec tendresse.) Mais ai-je jamais cessé de veiller sur toi... Dans ton enfance, c'est moi qui, pendant le jour, te berçais dans ton nid de mousse... c'est moi qui, pendant la nuit, couchais, pour te garder, devant la porte de ta case... Quand tu as grandi, c'est moi qui t'ai conduite à la chasse... Attentif à tous tes dangers, je te portais dans mes bras pour traverser les torrents... Et lorsque tu es devenue une belle jeune fille... oh! bien belle!... c'est moi qui ai dit aux nôtres de tomber à tes genoux et de te nommer leur reine... (Avec emportement.) Aussi, maintenant, vois-tu, ta vie est devenue la mienne, ton honneur est devenu le mien, et je me tuerais à tes yeux plutôt que de te voir l'esclave de cet homme, de cet étranger que je hais...

JAGUARITA.

Mais qui t'a dit qu'il voulût me tromper?...

JUMBO.

L'aversion que j'éprouvais rien qu'à sa vue... Je te le répète... il n'a qu'un but... t'abuser... te séduire, car il va épouser une jeune créole qui l'attend...

JAGUARITA, avec colère.

Tu mens!...

JUMBO.

La belle Héva...

JAGUARITA.

Si je le savais!... si je le savais!...

JUMBO.

Que ferais-tu?

JAGUARITA.

Oh! alors... alors... je vous le livrerais, je le jure...

JUMBO.

Eh bien!... voici un billet qu'un esclave de la plantation apportait pour lui... et que je me suis chargé de lui remettre...

JAGUARITA.

Oh! voyons... voyons vite!...

JUMBO, lisant.

« Mon cher cousin et fiancé... »

JAGUARITA.

Son fiancé!...

JUMBO, continuant.

« Mon cher fiancé, je meurs d'inquiétude, en songeant
« aux dangers que vous courez, vous et votre brave major...
« Veuillez, comme vous me l'avez promis, me rassurer au plus
« vite, en allumant cette nuit même un grand feu sur le pic
« de la montagne Bleue... Je prie Dieu pour vous et le vaillant
« chef qui vous guide!...

« Votre cousine et... »

JAGUARITA, l'interrompant avec colère.

Assez!... assez!... il ne retournera pas à l'habitation... il ne reverra pas cette femme... Il faut, cette nuit même, qu'il soit en notre pouvoir!...

JUMBO.

Tout est déjà préparé... Il tombera dans une embuscade pendant cette expédition nocturne qu'il va faire à la montagne Bleue... et je te vengerai, Jaguarita...

JAGUARITA.

Non, pas toi... Je veux le punir moi-même ; sa vie m'appartient, et tu m'en réponds sur la tienne...

JUMBO.

Mais...

JAGUARITA.

Je le veux... je l'ordonne... Je suis la reine!... (Elle sort par la droite.)

JUMBO, montrant la lettre, à part.

Moi, j'attends le jeune chef pour lui remettre le message de sa fiancée. (Il se retire à l'écart.)

SCÈNE IX.

MAMA-JUMBO, MAURICE, PETERMANN, Officiers, Soldats, Vivandières, puis HECTOR.

REPRISE DU CHŒUR.

Ne craignons plus les coups du sort,
Zam-Zam est mort !
Chantons, amis, chantons encor :
Gloire au major !

HECTOR, entrant, suivi de quelques officiers, d'une voix affaiblie.

Ah ça, mes enfants, est-ce fini?... est-ce fini?... Dort-on dans ce pays-ci?... peut-on dormir?...

PETERMANN, montrant la coulisse, à gauche.

Mon major... voici votre tente...

HECTOR, vivement, se méprenant.

Ma tante serait arrivée?...

PETERMANN.

Une tente magnifique!...

HECTOR, avec désappointement.

Ce n'est pas la mienne!... (A ce moment, Mama-Jumbo s'avance et présente le billet à Maurice.) Allons, encore des propositions de ces damnés Anakotaws!...

MAURICE, prenant la lettre.

Non, major!... cette lettre vient de l'habitation... Elle est de ma jolie cousine... qui tremble pour vos jours!...

HECTOR, saluant.

Elle est bien honnête!...

MAURICE.

Pour les miens!... et me prie de la rassurer par un signal... un feu allumé sur le sommet de la montagne Bleue!... Pauvre Héva!... Oh! oui, c'est chose promise, et je vais aller moi-même...

JUMBO, qui a écouté, à part avec menace.

On vous y attendra, mon beau capitaine... (Il s'éloigne.)

MAURICE.

Je vous demanderai, major, l'autorisation de prendre des hommes avec moi... c'est l'affaire d'un quart d'heure...

PETERMANN, se récriant.

D'un quart d'heure... il vous faut au moins une heure et demie, mon capitaine...

MAURICE.

Tu es sûr?... (A part.) Diable!... et mon rendez-vous... et ma charmante Indienne!...

PETERMANN.

Sans compter les rencontres avec les Orow-kourou...

HECTOR.

Les Roro... koko...

PETERMANN.

Les Orou-kourou... c'est bien la race la plus féroce et la plus rusée... et gourmands!... Ce sont eux qui ont pincé, l'an dernier, notre lieutenant Bishoff... ils ont eu l'indélicatesse de le servir à la noce de leur chef... comme plat du milieu!...

HECTOR, vivement.

Capitaine, vous n'irez pas chez les Rou-rou-ko... comme dit le sergent... je vous charge de la garde du camp...

PETERMANN.

Allons... bon... j'ai eu tort de bavarder... je ne devais pas raconter tout ça devant monsieur le major... (A Maurice.) Le voilà qui s'enflamme et qui veut encore vous prendre cette expédition-là...

HECTOR, abasourdi.

Hein?... quoi!... qu'est-ce que vous dites?... (A Maurice.) Qu'est-ce qu'il dit?...

PETERMANN.

Ah! vous y tenez, mon major... Eh bien! il m'en vient aussi une crâne d'idée à moi... ce n'est pas un feu de paille que nous allumerons... c'est la montagne toute entière qu'il faut brûler avec ses broussailles, ses taillis... toutes les peaux-rouges et autres animaux nuisibles... Ah! nous allons en avoir de l'agrément, mon major!...

HECTOR, à part.

Gredin de sergent! je te flanquerai aux arrêts pour trois ans!...

PETERMANN, aux soldats groupés au fond.

Allons, Timothée; allons, Sanders; allons, les frères Guillaume... à nous l'honneur d'accompagner notre bouillant major...

TOUS, s'avançant.

Vive le major!...

HECTOR, chancelant.

Mes amis... mes amis... c'est cruel pour moi... de refuser cette partie de campagne... mais mes pauvres jambes ne me soutiennent plus... Oh! sans cela!...

PETERMANN.

Eh! qu'importent les jambes quand la tête est bonne!... nous vous porterons... sacrebleu!... et nous serons fiers d'un pareil fardeau.

TOUS.

Oui!... oui!... (Hector s'assied sur un escabeau qu'on apporte pour lui au milieu du théâtre.)

MAURICE, qui s'est approché d'une cantine placée à gauche par des vivandières et remplissant des verres.

Mais avant d'affronter tant de périls, vous ne refuserez pas, major, de nous faire raison... nous buvons à votre santé et à votre glorieux retour ! (Il présente un verre à Hector qui paraît accablé.)

LES OFFICIERS, s'avançant le verre à la main.

A la santé du major !...

MAURICE, PETERMANN ET LES OFFICIERS.

Francs militaires,
Choquons nos verres !
Buvons en frères
A sa valeur !
Chef intrépide,
Rien n'intimide
L'essor rapide
De son ardeur !

TOUS.

Francs militaires,
Choquons nos verres !
Buvons en frères
A sa valeur !

MAURICE ET PETERMANN.

Jamais un fils de la Hollande
N'a su compter ses ennemis !
C'est quand ils sont morts qu'il demande
Combien sont-ils ?...

HECTOR, qui s'est assoupi sur son siége, s'éveillant tout à coup.

Combien sont-ils ?...

REPRISE DU CHŒUR.

Francs militaires,
Choquons nos verres !
Etc., etc.

Sur un signe de Petermann, des soldats hissent sur leurs épaules
l'escabeau qui sert de siége à Hector.

HECTOR, vivement.

Eh ! doucement... (A part.)

Que le grand diable emporte
Toute cette cohorte
Qui chante ma valeur,
Ma gloire et mon ardeur !

PETERMANN ET LES SOLDATS, qui portent Hector en triomphe.

Francs militaires,
Cohortes fières,
Portons en frères
Notre sauveur !

Chef intrépide,
Rien n'intimide
L'essor rapide
De sa valeur !

Francs militaires,
Cohortes fières,
Portons en frères
Notre sauveur !

Ils traversent le théâtre et disparaissent tous par le fond à droite

SCÈNE X.

MAURICE, seul.

Brave et excellent major !... sans se douter de rien, il me rend là un service que je n'oublierai jamais... C'est que l'image de cette jeune Indienne me suit partout !... J'en demande humblement pardon à ma belle cousine... mais, après tout, nous avons reçu l'ordre de civiliser ces sauvages... et nous faire une alliée de leur charmante reine, c'est mon devoir de soldat... je penserai, plus tard, à mes devoirs de fiancé... et de mari... c'est la consigne... Mais si Jaguarita allait ne pas venir !... si malgré sa promesse... (Avec joie.) Mais non... c'est elle !... la voilà ! (Il s'élance avec passion vers Jaguarita qui s'avance en regardant mystérieusement au fond.) Oh ! viens, Jaguarita, viens !...

SCÈNE XI.

MAURICE, JAGUARITA.

JAGUARITA, stupéfaite à la vue de Maurice.

Toi, ici !... toi !

MAURICE.

Ne devais-je pas t'attendre... et peux-tu croire que je laisse échapper les plus doux instants de ma vie?...

JAGUARITA.

Mais ce message de l'habitation..... ce signal qu'on te demande!

MAURICE.

Un autre a voulu partir à ma place.

JAGUARITA.

Un autre?

MAURICE.

Notre major.

JAGUARITA.

Et toi?...

MAURICE.

Moi! je ne rêvais, je ne désirais que ta présence...

JAGUARITA.

Ma présence!... ici!... tu pourras bientôt la maudire!...

MAURICE.

Jamais! jamais!..... plus de menace, plus de colère!... Le sourire sied si bien à tes jolis traits... ne trahis pas mon plus cher espoir!...

JAGUARITA.

Et qu'espérait mon gardien?...

MAURICE.

Que cette nuit serait pour moi douce et belle, et que, sous la voûte étoilée, à la brise embaumée du soir, la jeune Indienne ne refuserait pas de s'asseoir à la table du soldat... (Il va à la cantine.)

JAGUARITA.

Moi?...

MAURICE.

Tu m'as nommé ton frère... Eh bien! le frère demande à l'amie de lui faire oublier un instant les soucis de la guerre et d'embellir pour lui le repas du soir... (Il s'est approché de la cantine à gauche, a rempli deux verres et en présente un à la jeune Indienne.)

DUO.

D'abord, suivant l'ancien usage
Que l'on observe en ton pays,
Partageons le même breuvage...
C'est la promesse, c'est le gage
Que l'on cesse d'être ennemis!

JAGUARITA, refusant.

Jamais, jamais je ne m'engage!...

MAURICE.

De ton pays suivons l'usage,
Et nous serons toujours unis.

JAGUARITA, avec ironie.

Tu veux que nous soyons unis?...

Prenant le verre.

Eh! bien, avec toi je m'engage...
Et malheur aux serments trahis!

Elle porte le verre à ses lèvres.

MAURICE.

Partageons le même breuvage,
Et nous serons toujours unis!

Il boit.

JAGUARITA, avec trouble.

Mais quelle liqueur singulière!
Mais quelle enivrante boisson!...
On doit bien vite au fond du verre
Laisser son âme et sa raison!

MAURICE, à part.

Ah! puisse-t-elle au fond du verre
Laisser son âme et sa raison!

JAGUARITA, la main sur son cœur.

Mais quel feu circule
Dans mon sein qui brûle?...
Je veux fuir en vain
Cet attrait divin...
Un charme, un délire
Viennent me séduire!
Ce philtre vainqueur
Possède mon cœur!

MAURICE, remplissant de nouveau le verre de la jeune fille.
`Encor! encor!

JAGUARITA, refusant faiblement.
Oh! non, non, non!

MAURICE, lui offrant la coupe.
Mais c'est pour assurer notre tendre union!...
C'est la promesse, l'heureux gage
Que nous serons toujours unis!

JAGUARITA, presque avec égarement.
Malgré moi, ce nouveau breuvage
Trouble mon cœur et mes esprits!

Entraînée, elle porte le verre à ses lèvres.

ENSEMBLE.

Ah! quel feu circule
Dans mon sein qui brûle!...
Je veux fuir en vain
Cet attrait divin!...
Un charme, un délire
Viennent me séduire!
Ce philtre vainqueur
Possède mon cœur!

MAURICE, à part, l'observant avec amour.
Nouveau feu circule
Dans son sein qui brûle!...
Elle fuit en vain
Cet attrait divin...
Un charme, un délire
Viennent la séduire!...
Ce soir, de son cœur
Je serai vainqueur!

L'ombre vient et augmente graduellement.

MAURICE, voulant l'entraîner.
Mais bientôt la nuit embaumée
Va déployer son voile noir...
Jaguarita, ma bien-aimée,
Près de ton ami viens t'asseoir!

JAGUARITA, le regardant fixement.
Moi! ta bien-aimée!

MAURICE, avec amour.
Toi! mon seul bonheur!

JAGUARITA, avec un rire étrange.
Ah! ah! ah! ah!

MAURICE, étonné.
Pourquoi ce ton moqueur?

JAGUARITA, de même.
Moi, ta bien-aimée!...

Avec colère.
Trompeur,
Et menteur!

MAURICE.
Ah! quelle pensée!...

JAGUARITA.
Une fiancée
A tout ton amour!
Un serment près d'elle
T'enchaîne... et la belle
Attend ton retour!...

MAURICE.
A toi ma tendresse!

JAGUARITA, avec égarement et menace.
Mais, par ma finesse,
Mais, par mon adrèsse,
J'ai su tout prévoir...
En vain elle espère,
Cette beauté fière,
Bientôt te revoir!...
Heureux stratagème!
Tu seras toi-même
En notre pouvoir...

MAURICE.
En votre pouvoir!...
Que veut-elle dire?...

La regardant, et la voyant chanceler et tomber presque assoupie
sur un banc de mousse, à droite.
Ah! c'est du délire,

JAGUARITA L'INDIENNE.

C'est cette liqueur
Qui trouble son cœur!

JAGUARITA, *cédant malgré elle au sommeil.*

Je l'aime, je l'aime!...
Heureux stratagème!...
J'ai su tout prévoir!
Je l'aime, je l'aime!...
Le voilà lui-même
En notre pouvoir!

MAURICE, *qui a écouté avec ivresse.*

Qu'entends-je! elle m'aime!
O bonheur suprême!...
Enivrant espoir!

Nuit complète.

Heureux stratagème!...
La beauté que j'aime
Cède à mon pouvoir!

Il se met à genoux auprès de Jaguarita, et prend sa main qu'il couvre de baisers. A ce moment, aux ombres de la nuit, on voit sortir du marécage, au fond, des Indiens qui se glissent en rampant, et arrivent près de Maurice. L'un d'eux saisit l'épée du capitaine et le désarme. Les autres l'entourent.

MAURICE, *voulant se défendre, et criant.*

Amis! aux armes!... garde à vous!

JUMBO, *qui a paru sur le monticule, au fond.*

Il est trop tard! malheur à vous!

Les Indiens ont bâillonné Maurice et l'entraînent.

FIN DU DEUXIÈME ACTE.

ACTE TROISIÈME

PREMIER TABLEAU.

Le théâtre représente un carbet ou case indienne. Entrée au fond, qui se ferme par des nattes de jonc. A droite, une issue secrète cachée dans un panneau.

SCÈNE PREMIÈRE.

MAURICE, MAMA-JUMBO en costume indien.

Au lever du rideau, Maurice est assis sur le devant de la scène ; Mama-Jumbo, appuyé sur sa carabine, fait sentinelle au fond du carbet.

MAURICE.

Prisonnier !... par la ruse et la trahison d'une femme !... Aussi, qui s'en serait défié ?... si jeune, si charmante !... la beauté d'un ange... l'astuce d'une panthère... la ruse d'un serpent.

JUMBO, s'avançant.

Notre reine ne s'appelle pas Jaguarita pour rien...

MAURICE.

Jaguarita est une indigne créature, qui s'est jouée de ma confiance... de mon fol amour... Au reste, ce n'est pas à elle autant qu'à toi que j'en veux... toi qui te disais notre allié... notre ami... toi qui nous a trahis... livrés...

JUMBO.

Je le devais...

MAURICE.

Mais enfin, que t'avons-nous fait ?

JUMBO.

Les vôtres sont venus porter le fer et la flamme dans nos carbets... les vôtres ont emmené les miens en esclavage... ils ont enlevé ma sœur ! ils ont égorgé mes frères... et voilà pourquoi je me suis vengé !

COUPLETS.

Dans nos champs et dans nos forêts,
Étrangers, quel dieu vous amène ?
On nous a donné pour domaine
La solitude et ses secrets.
Vous apportez sur notre terre
De vos arts le trésor menteur ;
Si vos arts étaient le bonheur,
Auriez-vous quitté votre mère ?...
Nous!... nous tenons du créateur
La liberté, l'amour, la guerre !
    La guerre !
    A vous la guerre !

Deuxième couplet.

Rien de commun dans notre sort !
Vous errez loin de la patrie...
Nous y restons, pendant la vie,
Nous y dormons après la mort !
Pour vous seuls inhospitalière,
Elle fait respecter nos droits...
Oh ! tremblez ! car, dans les grands bois,
Sur vous appelant le tonnerre,
Des aïeux on entend la voix,
Et cette voix nous dit : La guerre !
    La guerre !
    A vous la guerre !

MAURICE.

Patience!... dès que le major et nos troupes connaîtront le
piége où je suis tombé...

JUMBO, avec ironie.

Le major et ses guerriers ne sont plus à craindre pour nous...

MAURICE.

Que veux-tu dire ?

JUMBO, soulevant au fond une natte de jonc.

Regarde!...

MAURICE.

Que vois-je?... ces uniformes hollandais au milieu des In-

diens... ce sont eux... le major, le sergent, faits prisonniers
aussi!... par quelque autre trahison sans doute?

JUMBO.

Par trois cents de nos alliés qui les ont surpris et vaincus
au retour de leur expédition de la montagne Bleue.

MAURICE.

Je le crois bien, trois cents contre trente!

MAMA JUMBO, montrant sa carabine.

Les visages pâles ont la foudre avec eux!... les Indiens n'ont
que la ruse... et le nombre...

SCÈNE II.

MAMA-JUMBO, MAURICE, PUIS HECTOR ET PETERMANN.

JUMBO, allant au fond, et faisant un signe.

Entrez, vous autres!... (Hector et Petermann paraissent. Hector a le
regard fixe et hagard. Ses habits sont en désordre.)

PETERMANN, apercevant Maurice.

Mon capitaine!

MAURICE.

Petermann!... le major!...

MAMA JUMBO.

Les anciens guerriers de la tribu vous accordent quelques
instants pour réfléchir à leurs propositions. (Il s'éloigne.)

PETERMANN.

Elles sont jolies les propositions... Comment! vous ici, mon
capitaine!... mais ils nous ont donc pincés tous, ces maudits
sauvages!...

MAURICE.

Comme vous dites, sergent, et je crois que notre captivité
ne sera pas longue...

PETERMANN.

Quant à ça, capitaine, ça dépend de nous... grillés tout vifs
par messieurs les Anakotaws... ou libres en nous faisant Anakotaws nous-mêmes... voilà la proposition de ces misérables...

comme si des peaux-blanches pouvaient jamais devenir des peaux-rouges.

MAURICE.

Et qu'en dit le major?

HECTOR, d'un air égaré.

Je dis que tout cela est un rêve... un cauchemar... C'est ma diable de tante qui m'endort avec ces contes-là... (Riant tout à coup.) Ah! ah! ah!

MAURICE, à Petermann.

Qu'a-t-il donc?

PETERMANN.

Ah! vous en entendrez bien d'autres... Depuis qu'il est pris par les sauvages, le major ne fait que leur rire au nez... histoire de les narguer... C'est au point que le chirurgien du régiment, prisonnier comme nous, prétend que notre chef a le délire solaire.

MAURICE.

Le délire solaire?...

PETERMANN.

Mais ça n'est pas vrai, sacrebleu!..., Le major, du délire?... jamais; c'est l'exaltation du courage, rien que ça.

HECTOR, marchant tout à coup comme un furieux.

A mort les Anakotaws!... le Grand-Serpent! les Oroukourou! à mort Zam-Zam! à mort tout le monde!... J'ai soif de leur sang! Je deviens cannibale! (Il chante.)

Jamais un fils de la Hollande
N'a su compter ses ennemis;
C'est quand ils sont morts qu'il demande
Combien sont-ils?

PETERMANN.

Assez, assez, major... c'est bien de braver ses ennemis... mais vous allez les rendre plus féroces encore.

HECTOR.

Féroces!... c'est moi qui suis féroce... c'est moi qui les scalperai tous!... Mon épée!... ma carabine! mes pistolets!... Sacrebleu, la belle guerre! marcher sur des serpents à sonnettes, se chauffer avec des forêts!... être rôtis tout entiers...

c'est superbe!... (Avec tristesse.) Mais c'est égal, je voudrais bien m'éveiller...

MAURICE.

Vous ne vous réveillerez bientôt plus, major.

HECTOR.

Tant mieux... (Tendrement.) Je rêverai à mon aise de la belle Héva, de cette délicieuse créole, dont les jolis yeux ne me sortent pas de la tête!...

MAURICE.

Héva! ma cousine!

PETERMANN.

Oh! mon capitaine, encore une idée du major... il ne parle que d'elle... et je crois qu'il en tient pour votre fiancée.

JUMBO, reparaissant à la porte du carbet avec quelques Indiens. — A Hector et à Petermann.

Venez; le conseil est assemblé!... (A Maurice.) Quant à vous, attendez votre tour ici... (Aux Indiens.) Que toutes les issues du carbet soient gardées... et si le prisonnier tente de fuir... malheur à lui!...

PETERMANN, à Maurice.

Adieu, capitaine... et, si vous en réchappez... (Montrant Mama-Jumbo.) ne manquez pas celui-là; je vous le recommande.

HECTOR, à Mama-Jumbo, qui s'approche.

Ne me touche pas, peau-rouge!... ou je te fais fusiller dans les vingt-quatre heures!... (A Maurice, qui lui prend la main pour le calmer.) Merci... ça ne va pas mal... (Il chante.)

Jamais un fils de la Hollande
N'a su compter ses ennemis;
C'est quand ils sont morts qu'il demande
Combien sont-ils?

Il sort avec les Indiens en chantant avec exaltation. — Petermann le suit.

MAURICE.

Allons!... c'est fait de nous!... J'attends mon sort!...

JUMBO, indiquant la natte du fond, que l'on soulève.

Tu ne l'attendras pas longtemps... Voici qu'on vient te l'annoncer...

SCÈNE III.

LES MÊMES,, JAGUARITA, dans un riche costume indien.

MAURICE ET JUMBO.

La reine!

JAGUARITA, à Jumbo.

Va-t'en... laisse-nous!...

JUMBO, hésitant.

Seule, avec lui!

JAGUARITA, avec autorité.

Sors!... je le veux! (Mama-Jumbo s'incline devant elle, et s'éloigne.)

SCÈNE IV.

MAURICE, JAGUARITA.

MAURICE, à Jaguarita.

Comment! c'est toi?... Tu oses encore reparaître à mes yeux, après ton indigne perfidie?...

JAGUARITA, avec calme.

Oui.

MAURICE.

Je comprends... tu viens me braver... tu viens jouir du succès de ta ruse...

JAGUARITA, de même.

Ma ruse a réussi!... le Grand-Esprit m'a bien inspirée!..

MAURICE.

Et moi qui croyais à tes paroles d'amour!...

JAGUARITA.

Jaguarita ne t'a pas trompée... C'est parce qu'elle t'aime qu'elle t'a fait enlever par les siens.

MAURICE, avec ironie.

Comment! un rapt par amour!... Un capitaine enlevé par une jeune fille? Mais c'est le contraire de ce qui se passe chez nous... Après tout... comme nous sommes dans l'autre monde...

JAGUARITA, avec un sourire de triomphe.

Oh! tu es à moi, maintenant! à moi seule... et je ne crains plus de rivale.

MAURICE, riant.

Mais me voilà compromis... et mon honneur... ma réputation!...

JAGUARITA.

Écoute... Jaguarita te plaît-elle toujours?

MAURICE, s'animant.

Plus que jamais... Ce costume pittoresque... cette coiffure charmante... cette taille si souple... ces bras divins...

JAGUARITA.

Eh bien! cette beauté que tu admires... ces yeux que tu trouvais si fiers et si doux... cette main que tu pressais sur tes lèvres... tout cela est à toi... je te le donne... je t'épouse!

MAURICE, stupéfait.

Tu m'épouses!

JAGUARITA.

Cela t'étonne?...

MAURICE.

Écoute donc... quand on ne s'attend pas... ...

JAGUARITA.

Puisque tu m'aimes...

MAURICE, gaiement.

Après tout... tu m'as enlevé... tu me dois une réparation.

JAGUARITA.

Tu verras... tu verras comme tu vivras heureux près de moi... Je ne serai plus reine pour toi... je serai ton esclave... tes désirs seront mes lois!... Le jour, nous chasserons ensemble..... le soir, dans notre carbet, je te servirai moi-même... Et puis, par nos belles nuits étoilées, sous notre beau ciel d'azur, nous irons tous les deux parcourir nos grands bois et nos vastes prairies; appuyée sur toi... comme cela... ma main dans la tienne... mes regards attachés à tes regards... nous marcherons ainsi dans nos sombres sentiers... (Baissant les yeux.) et ce que tu m'as donné hier...

MAURICE, vivement.

Un baiser?...

JAGUARITA.

C'est moi qui te le donnerai à mon tour.

MAURICE, avec passion.

Jaguarita! ma belle reine!...

JAGUARITA, le repoussant.

Non... quand je t'aurai épousé!...

MAURICE, à part.

Allons, décidément... elle y tient!

JAGUARITA.

Écoute!... Écoute!... n'entends-tu pas?

MAURICE, écoutant

En effet!

JAGUARITA.

Ce sont eux... nos guerriers, nos prêtres, et mes jeunes compagnes qui viennent pour la cérémonie.

MAURICE, gaiement,

Comment?..... là!..... tout de suite... la déclaration, la demande en mariage, la noce..... et les bans qui ne sont pas même publiés!...

JAGUARITA.

Le dieu Bambouzi vient lui-même ici nous marier... et dès que nous aurons juré sur le feu sacré de nous aimer toujours...

MAURICE, vivement.

Tout sera dit?

JAGUARITA.

Pas encore... et je te garde une autre surprise. (on entend la marche qui se rapproche.) Mais les voici tous... tu vas voir combien je t'aime.

MAURICE.

Attendons la surprise!

SCÈNE V.

MAURICE, JAGUARITA, PRÊTRES DE LA TRIBU, INDIENS, JEUNES FILLES, PUIS MAMA-JUMBO.

Les nattes du fond s'ouvrent; l'on voit paraître quatre prêtres portant sur leurs épaules une idole de bois. Les guerriers suivent, et de jeunes Indiennes dansent autour du dieu Bambouzi, et lui jettent des fleurs.

CHŒUR.

Honneur au grand dieu Bambouzi !
Il quitte sa demeure sainte,
Et dans cette royale enceinte
Il daigne venir aujourd'hui.

DES INDIENNES, à l'idole.

Dieu Bambouzi,
Veux-tu te reposer ici ?

L'idole fait un signe affirmatif.

Il a dit oui !
Dieu Bambouzi,
Seras-tu toujours notre ami ?

Même signe de l'idole.

Il a dit oui.

TOUS.

Ah ! c'est un Dieu puissant,
Aimable, ravissant !
C'est lui qui forme les nuages,
Sa voix domine les orages;
Quand il le veut,
Il tonne, il pleut !
Honneur au grand Dieu Bambouzi !
Par lui
Tout fleurit,
Tout mûrit.

JAGUARITA, s'avançant au milieu d'eux.

Autour de moi je vous réunis tous;...

Montrant Maurice.

Pour vous présenter mon époux !...

TOUS.

Son époux!

MAURICE, riant.

Son époux!

JAGUARITA, à Maurice.

COUPLETS.

Je te fais roi!
Ma tribu tout entière
Suivra ta loi
Dans la paix dans la guerre!
Et, puisqu'à ton cœur j'ai su plaire,
Je t'épouse, et, pour être à toi,
Je te fais roi,
Je te fais roi!

MAURICE, gaiement.

Un capitaine passer roi...
C'est trop d'avancement pour moi!

Deuxième couplet.

JAGUARITA.

Je te fais roi!
De bonheur doux présage,
Reçois ma foi
Et mon trône en partage!
J'ai changé leur haine sauvage
En amour, car, pour être à toi,
Je te fais roi!
Je te fais roi!

LES INDIENS, se prosternant.

Tombons tous aux genoux du roi!...

JUMBO, paraissant tout à coup.

Arrêtez!... notre reine, en son pouvoir suprême,
Veut partager son trône avec celui qu'elle aime,
Et nous donner pour chef un ennemi vaincu!...
Mais je viens réclamer au nom de la tribu!...

JAGUARITA, fièrement.

Qu'exige-t-telle? et que veux-tu?

JUMBO, montrant Maurice.

Je veux qu'il sache à quoi désormais il s'engage.
De sa fidélité nous exigeons un gage !...

TOUS.

De sa fidélité nous exigeons un gage !...

JUMBO.

Notre roi n'aura plus d'amis parmi les blancs...
Il renîra son Dieu ; pour adorer le nôtre !
Ce pays est le sien, il n'en aura plus d'autre,
Et, portant chez les blancs la flamme et le trépas,
Aux combats, ce soir même, il guidera nos pas !...

MAURICE, avec élan, à Jumbo.

Me proposer une telle infamie !...
Apprends donc, malheureux, que pour sauver sa vie,
  Ce n'est pas chez tes ennemis,
Que l'on trahit son Dieu, son honneur, son pays !...

JAGUARITA, à Maurice, avec anxiété.

Eh quoi ! tout ce que je te donne,
Ma main, mon cœur et ma couronne,
Tu les refuses ?

MAURICE.

  Je le doi...

LES INDIENS.

Refuser d'être notre roi !

JAGUARITA.

Ah ! de colère, je frissonne !
Ton cœur aime une autre que moi !
Mais cette injure sans pareille,
Lorsque mon pouvoir t'élevait,
Dans mon âme à l'instant réveille
  Le sang indien qui dormait.
    Je sens la colère
    Qui pâlit mon front.
    Quelle injure amère !
    Quel indigne affront !
    La femme et la reine
    Souffrent en ce jour !
    Pour jamais la haine
    Remplace l'amour !

ENSEMBLE.

MAURICE, à part.

Oui, ma perte est certaine
Et je dois en ce jour
Me livrer à sa haine
Et perdre son amour !

JAGUARITA.

Oui, la femme et la reine
Souffrent trop en ce jour ;
La vengeance et la haine
Ont remplacé l'amour !

JUMBO, aux Indiens.

Oui, vengez votre reine
Qu'on outrage en ce jour !
Sa fureur et sa haine
Ont remplacé l'amour !

CHŒUR.

Oui, vengeons notre reine,
Qu'on outrage en ce jour.
La fureur et la haine
Ont remplacé l'amour !

JUMBO ET LES PRÊTRES.

Dédaigner notre souveraine !
Cet affront mérite la mort !

LES INDIENS.

La mort ! la mort ! la mort !

JAGUARITA, à mi-voix, à Maurice.

Je puis braver ces cris de haine ;
Je puis te pardonner encor...

MAURICE.

Je dois refuser...

JUMBO, à Jaguarita.

De la reine
Quel est l'arrêt ?...

JAGUARITA, après avoir encore vainement interrogé Maurice du regard.

Disposez de son sort !

Elle s'éloigne sans regarder Maurice.

TOUS, avec fureur entourant le capitaine.
La mort! la mort! la mort!

JUMBO, menaçant Maurice.
Demain dès l'aurore
Chrétien, tu mourras!
La nuit te reste encore,
Pour pleurer ton trépas!
Demain, contemplant tes blessures,
Demain, nous verrons tes tortures.
Va, nul pouvoir et nul secours
Ne sauraient prolonger tes jours.

TOUS, menaçant Maurice.
Demain, dès l'aurore,
Chrétien, tu mourras, etc.

Les prêtres, les Indiens, les jeunes filles sortent tumultueusement.
Les nattes du fond se referment.

SCÈNE VI

MAURICE, seul.

Allons mon sort est décidé!... C'est dommage pourtant!... perdre la vie par l'ordre d'une jolie femme... quand il serait si doux de lui consacrer la sienne... Qu'elle était belle dans sa colère!... que de passion dans ses accents d'amour et de jalousie!... Ah! loin de la maudire, j'étais tenté de tomber à ses pieds pour la remercier de son cruel arrêt. (Deux petits Indiens paraissent et apportent silencieusement une table couverte de fruits et de flacons, puis se retirent.) Que vois-je! un repas! dans un pareil moment!... ces sauvages ont des idées... il n'y manque que l'invitation!... la reine des Anakotaws a l'honneur d'inviter le capitaine Maurice au dernier souper qu'il fera dans ce monde!... Au fait, il arrive bien... je meurs de fatigue et de faim... Des fruits superbes... (il mange.) Parfaits! (se versant à boire.) Du vin de palmier... (il boit.) Excellent!...N'importe!...j'aimais mieux mon repas d'hier au soir... près de ma charmante convive... Quelle affreuse lassitude!... je sens mes yeux se fermer malgré moi.

CHANT.

Déjà s'alourdit ma paupière...
Oublions un triste réveil...
Doux songe, riante chimère,
Viens charmer mon dernier sommeil !

Viens, sous les citronniers en fleurs,
Me montrer celle que j'adore,
M'appelant, me cherchant encore,
Le cœur ému, les yeux en pleurs ;
Viens, ô ma belle enchanteresse,
Oh ! viens comme un sylphe enchanteur,
Donner en rêve à ma tendresse
Au moins une ombre de bonheur !

S'endormant et s'étendant sur le banc.
Déjà s'alourdit ma paupière...
Oublions un triste réveil...
Doux songe, riante chimère,
Viens charmer mon dernier sommeil !

Il s'endort. — La nuit est venue.

SCÈNE VII.

MAURICE endormi. — *Une issue secrète s'ouvre à droite, et l'on voit entrer* JAGUARITA, *couverte d'un long voile, une lampe à la main.*

JAGUARITA, à mi-voix.
Dans l'ombre et le silence
Avançons sans terreur ;
Ce n'est pas la vengeance
Qui fait battre mon cœur !

S'approchant mystérieusement de Maurice, et le regardant en silence.
Il dort ! il dort !... et sur ses traits,
O surprise extrême !... un sourire !...

MAURICE, rêvant.
Jaguarita !

JAGUARITA, écoutant.
Mon nom, que son cœur doit maudire !..,

MAURICE, rêvant.
Me livrer ! moi, qui t'adorais !...

JAGUARITA.

Qu'entends-je! O ciel!... Dans l'ombre et le silence,
   Je sens battre mon cœur;
   Ce n'est plus de vengeance,
   C'est d'amour, de bonheur!

Appelant Maurice à voix basse.

Maurice, que ma voix t'éveille!...

MAURICE, *s'éveillant.*

Dieu! qu'ai-je vu? je ne sais si je veille...
   Auprès de moi,
    Est-ce toi
   Que je voi?...

JAGUARITA.

C'est moi, c'est moi!...

Avec crainte.

Mais tais-toi! tais-toi!

MAURICE.

Que puis-je craindre encor, quand mon trépas s'apprête,
Quand pour les tiens déjà ma mort est une fête...
Et quand toi-même enfin, arbitre de mon sort,
As dicté mon arrêt et prononcé ma mort!

JAGUARITA.

Oh! tais-toi, tais-toi!
   Écoute-moi...

A peine avais-je à leur furie.
Tout à l'heure, livré ta vie.
Que j'ai senti là, dans mon cœur,
La douleur, la pitié remplacer la fureur...
J'ai senti que ta mort ici serait la mienne...
   En te voyant perdre le jour,
J'ai senti que mon âme ardente, avec la tienne,
   Fuirait vers son dernier séjour.

MAURICE, *avec amour.*

O transport! bien suprême!
Va, crois-moi, de mon cœur,
Non, non, le trépas même
N'eût pas éteint l'ardeur..

JAGUARITA.

O transport! bien suprême!
Va, je crois à ton cœur,
Dont la mort elle-même
N'eût pas éteint l'ardeur.

MAURICE.

Malgré ta loi cruelle,
Oui, mon cœur en secret
Disait : Ah! qu'elle est belle!
Et mon amour te pardonnait.

JAGUARITA.

Et moi, dans ma détresse,
Quand ma voix condamnait,
D'amour tout mon cœur frémissait!

Avec résolution.

Va, va, tu seras libre, il le faut, je le veux...
Tu peux fuir encor de ces lieux

MAURICE.

Ne le demande pas ; à mon serment fidèle,
Il faudrait aller loin de toi,
M'engager pour jamais à celle
A qui l'honneur garde ma foi...
Et j'aime mieux mourir auprès de toi!

JAGUARITA, avec amour.

Ah! devant cet aveu s'éteint ma jalousie;
Je te vois partir sans effroi...
Pour une autre gârde ta vie,
Puisque ton cœur reste avec moi!

MAURICE.

O transport! bien suprème!
Va, crois-moi, de mon cœur,
Non, non, l'absence même
N'éteindra pas l'ardeur.

JAGUARITA.

O transport! bien suprême.
Va, je crois à ton cœur,
Dont l'absence elle-même
N'éteindra pas l'ardeur.

La musique continue à l'orchestre pendant toute la fin du tableau.

JAGUARITA, s'approchant de la boiserie à droite et ouvrant un
passage caché.

Le jour va bientôt paraître... fuis!... fuis!... par cette issue
secrète, connue de moi seule et que m'a révélée ma mère. —
Ce passage te conduira dans le bois des Palétuviers.

MAURICE.

Il se pourrait! au milieu de notre camp! mais non... t'abandonner!... si la fureur de ces barbares se tournait contre toi!...

JAGUARITA.

Pars! pars!... je t'en supplie... (on entend au dehors une musiqu.
bizarre.) Entends-tu?..... voilà le camp indien qui s'éveille....
pense à tes amis, à tes guerriers, dont le supplice s'apprête.

MAURICE.

Oh!... oui... tu as raison... je pourrai les délivrer peut-
être... ou du moins mourir avec eux... (Il descend par l'issue
secrète.)

SCÈNE VIII.

JAGUARITA, puis MAMA-JUMBO.

JAGUARITA, qui a vivement refermé le passage avec joie.
Sauvé! sauvé!...

JUMBO, accourant par le fond.

Réjouis-toi, Jaguarita; l'habitation de la créole est dévas-
tée... elle-même est en notre pouvoir... et ta vengeance sera
complète. (Regardant autour de lui.) Mais le captif, où donc est-il?

JAGUARITA.

Parti, Mama-Jumbo, et c'est moi, la reine! qui l'ai fait
fuir!...

JUMBO.

Impossible!... comment? et par où?...

JAGUARITA.

C'est mon secret!...

JUMBO.

Mais. malheureuse!... tu es perdue!... le prisonnier condamné est sous la garde de la reine... d'après la loi de tribu, ta vie répond de la sienne...

JAGUARITA.

Je le savais...

JUMBO.

Ah ! comme elle l'aime !... (Tumulte au dehors.) Tiens, entends-tu nos guerriers ?... ils ont roulé dans le camp de nombreux barils de ce breuvage perfide qu'ils ont enlevés à l'habitation des blancs... cette eau de feu qui ravit à ceux qui en boivent l'esprit et la raison.

JAGUARITA.

L'ivresse les rendra plus cruels encore !

JUMBO.

Ou te sauvera peut-être ! (Il l'entraîne et sort par la gauche.)

DEUXIÈME TABLEAU.

Le camp des Indiens au milieu d'un site accidenté. — Roches au fond, bordant un lac qui se perd dans le lointain. — Bois de palmiers, à droite et à gauche.

SCÈNE PREMIÈRE.

Le jour commence à poindre.

HECTOR, PETERMANN, HÉVA, TOBIE, et des COLONS de l'habitation, captifs des Indiens, sont liés, gardés par eux, et groupés au milieu du théâtre, vers le fond ; d'autres Indiens roulent des barriques de rhum. Ils ont des haches à la main et les défoncent. Quelques-uns dansent autour avec une sorte de frénésie. Commencement d'orgie.

CHŒUR.

Vive l'eau de feu,
Breuvage d'un dieu!
Ses effets puissants
Enivrent nos sens!

C'est bien la liqueur
D'un peuple vainqueur!...
Vive l'eau de feu,
Breuvage d'un dieu!

SCÈNE II.

LES MÊMES, JAGUARITA, les cheveux épars et amenée par des
GUERRIERS qui la menacent, MANTA-JUMBO.

LES GUERRIERS.
Le captif insolent qui brave notre haine,
Par la trahison de la reine,
Nous échappe aujourd'hui!

TOUS LES SAUVAGES.
Il s'est enfui!
Mort à la reine!
A tous les blancs qui sont ici!

HÉVA, PETERMANN ET TOBIE.
Pour nous, pour nous, tout est fini!

LES INDIENS, levant la hache sur Jaguarita.
Mort à la reine et vengeance!

JUMBO, les repoussant, et avec désespoir à Jaguarita.
C'est fait de toi!

JAGUARITA, bas, rapidement.
Non, pas encor... Silence!...
Se plaçant fièrement au milieu des Indiens.
Oui, votre vengeance est certaine;
Sans pâlir j'attendrai mon sort...
Mais, en buvant, de votre reine
Répétez tous le chant de mort!

TOUS LES INDIENS, s'élançant vers les barriques qui sont défoncées,
et puisant la liqueur.
Buvons encor!
Buvons encor!
Ils s'enivrent peu à peu.

JAGUARITA.

CHANT.

Mon âme altière,
Vers les cieux
Radieux,
Va, libre et fière,
Sans trembler,
S'envoler!
Un Dieu m'envoie
Dans ce brillant séjour,
Où tout est joie,
Bonheur, amour.
Là, plus d'attente,
Là, tout enchante;
Aussi je chante
Mon dernier jour!

CHŒUR DES INDIENS, chancelant et avec un faible murmure.

Là, plus d'attente...
Là, tout enchante...
La reine chante...
Son dernier jour!...
La reine... chante...
Son... dernier... jour...

Ils tombent successivement à terre, domptés par l'ivresse. La reine les épie avec anxiété.

JAGUARITA, parlé, sur la musique, aux prisonniers.

Pas un instant à perdre... fuyez!...

JUMBO, montrant les prisonniers.

Eh bien, oui, qu'ils partent donc!... (Il coupe leurs liens.) mais toi, Jaguarita, tu vas me suivre. (Il prend la main de la jeune Indienne.)

JAGUARITA, voulant résister.

Moi!... (A ce moment on entend un bruit de tambour qui s'approche précipité. Jaguarita cherchant à se dégager.) Écoutez!... écoutez!

JUMBO, apercevant au fond l'avant-garde des Hollandais qui paraît sur les rochers.

Nos ennemis!

PETERMANN ET HÉVA.

Nos libérateurs!

JUMBO, prenant de force le bras de Jaguarita.

Viens! tu es à moi!... viens... (Il l'entraîne par la droite et disparaît.)

SCÈNE III.

LES MÊMES, SOLDATS HOLLANDAIS faisant irruption sur le théâtre , puis **MAURICE.**

Les soldats couchent en joue les Indiens qui cherchent en vain à se défendre.

MAURICE, s'élançant vers Héva.

Héva!... mes amis! (Regardant autour de lui avec anxiété.) Mais la reine! Jaguarita! où donc est-elle?

PETERMANN.

La voici! (Il montre Jaguarita sur la hauteur au fond, à droite, enlevée par Mama-Jumbo, qui s'enfuit; mais on entend la détonation d'une arme à feu, tirée par un soldat hollandais, à gauche. —Aussitôt Mama-Jumbo chancelle, Jaguarita s'échappe de ses bras, et s'élance vers le capitaine.)

JAGUARITA.

Maurice! Maurice!... ton esclave à tes pieds!...

MAURICE, la relevant.

Dans mes bras... sur mon cœur!...

PETERMANN.

C'est sa place... elle mourait pour vous avoir sauvé!...

HÉVA.

Et nous allions lui devoir la liberté!... (Mettant dans la main de Maurice la main de Jaguarita.) Vous acquitterez notre dette...

JAGUARITA, à Mama-Jumbo qui paraît.

Blessé!...

JUMBO, montrant son bras.

Oh! cette blessure là-n'est pas dangereuse... (Mettant la main sur son cœur.) Mais celle-ci...

MAURICE, à Mama-Jumbo.

Tu es libre...

JUMBO.

Libre pour vous combattre... dussé-je rester le dernier de ma tribu!

PETERMANN, seconant Hector qui est toujours absorbé.

Eh bien, mon major, nous voilà sauvés!...

HECTOR, riant.

Sauvés!... Parbleu! j'étais bien sûr que tout cela n'était qu'un rêve...

PETERMANN.

Quel homme!... il finira comme il a commencé... en héros!...

MAURICE, pressant Jaguarita sur son cœur.

MOTIF DU FINAL DU PREMIER ACTE.

O fille si chère,
Instant plein d'appas!
Te voilà dans mes bras!

JAGUARITA.

C'est un dieu tutélaire
Qui nous unit en ce jour,
Et vient té rendre à mon amour!

HECTOR, PETERMANN ET LES SOLDATS HOLLANDAIS.

Un dieu tutélaire
Guide ici les pas
Des valeureux soldats!
Un brillant soleil éclaire
Et dore des feux du jour
Et la victoire et le retour!

Tous entourent Maurice et Jaguarita. — Le rideau baisse.

FIN.

Paris. — Typ. Morris et Comp., rue Amelot, 64.

www.ingramcontent.com/pod-product-compliance
Ingram Content Group UK Ltd.
Pitfield, Milton Keynes, MK11 3LW, UK
UKHW021206220726
13924UKWH00003B/1365